교회 생활 상식 사전

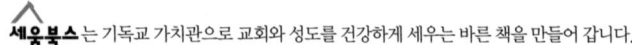
세움북스는 기독교 가치관으로 교회와 성도를 건강하게 세우는 바른 책을 만들어 갑니다.

교회 생활 상식 사전
물어보기 애매했던 교회 생활 용어 33가지

초판 1쇄 인쇄 2025년 12월 10일
발행 2025년 12월 15일

지은이 | 조에(JOE)
펴낸이 | 강인구

펴낸곳 | 세움북스
등 록 | 제2014-000144호
주 소 | 서울시 종로구 대학로 19 한국기독교회관 1010호
전 화 | 02-3144-3500
이메일 | holy-77@daum.net

디자인 | 참디자인

ISBN 979-11-93996-66-9 (03230)

* 이 책은 신저작권법에 의하여 국내에서 보호를 받는 저작물입니다.
  출판사의 협의 없는 무단 전재와 무단 복제를 엄격히 금합니다.
* 책값은 뒤표지에 있습니다.
* 잘못된 책은 교환하여 드립니다.

#
할렐루야
아멘
복음
구원
죄_

기독교
하나님
교회
예배
성경
성서
십계명_
교단
임마누엘
신앙고백
주기도문

교회 생활
상식 사전

물어보기 애매했던 교회 생활 용어 33가지

조에(JOE) 지음

주일
기도
_설교

세움북스

# 추천사

 무엇이든 오래되면 당연하게 여겨지기 쉽습니다. 어떤 공동체 안에 오래 머물면 그 집단의 언어와 표현이 자연스레 몸에 밸 뿐만 아니라, 너무 익숙해져 오히려 본래의 의미를 잃어버리기도 합니다. 그래서 가끔은 우리가 사용하는 신앙의 언어를 다시 씻어내듯 새롭게 바라보는 일이 필요합니다.

 30여 년간 목회자와 선교사로 사역해 온 저자는, 처음 신앙을 접하는 이들에게 낯설고 궁금할 기독교 용어와 관습을 쉬운 질문 형식으로 풀어냈습니다. 그러고는 기존 신자와 초신자, 그리고 익숙함에 젖은 사역자들에게도 "잠시 멈추어 교회 언어의 신선함을 다시 느껴 보라"라고 권합니다.

 이 책은 기독교의 기본 용어, 예배의 순서와 의미, 핵심 교리를 33개의 질문으로 정리해 친절하게 설명합니다. 한자어 풀이, 히브리어·헬라어·영어 설명 등이 더해져 선교 현장이나 교회 교육, 소그룹 교재로도 충분히 활용될 만합니다. 전체적으로 간결하고 교과서적이며, 신학적 균형감 위에서 안정적으로 구성되어 있습니다.

저자는 이 책을 "겸손한 출발"로 소개합니다. 모든 신앙의 답을 담을 수는 없지만, 이 책을 통해 배운 내용이 독자의 삶 속에서 '살아 있는 믿음'으로 이어지기를 바란다고 고백합니다.

류호준 백석대학교 신학대학원 은퇴 교수, 다니엘의 샘 원장

습관적으로 사용하고 맥락에 맞게 쓰면서도, 뜻은 정확히 모르는 말들이 있습니다. 예컨대, '어처구니'가 그렇고 '추호'가 그렇습니다. '혼백'이라는 말에서 '혼'과 '백'이 어떻게 다른지 아시나요? '한양'과 '경성'은 어떻게 다르고, '서울'은 어디에서 온 말일까요? '얼굴'과 '거울'과 '가을'의 어원은 무엇이며, 호랑이도 좋아하는 그 맛난 '곶감'은 어디서 온 말일까요? 성경을 번역할 때, 가장 적합한 우리말을 찾느라 서양 선교사들이 얼마나 애를 썼을까 싶습니다. 기독교 예전에 사용되는 용어들을 우리말로 정하는 데도 고심한 흔적이 역력합니다.

교회에 처음 오신 분들의 그 막막함을 경험하고 싶어서 법당에 앉아 불법을 들어 본 적이 있습니다. 모바일을 개통하려고 대리점을 찾았다가 직원이 30여 분 동안 설명해 준 말을 거의 못 알아듣고, 설명이 끝나자마자 그 정성에 감복하여 개통한 기억도 납니다. 그 이후로 교회에서는 처음 오신 분들에게 첫 두 주는 용어 설명부터 해 드립니다. 마땅한 교재가 나오길 기다렸는데, 조에 선교사님과 마음이 통했습니다. 저자와 알고 지낸 지가 20년이 넘습니다. 저자는 북한을 위해 조선어 성경을 펴내는 일에 깊이 참여했고 제자 훈련에 줄곧 진심이었다. 그러니 얼마나 단어 하나 개념 하나를 고르고 알아듣기 쉽게 설명하느라 애를 썼겠습니까. 더군다나 지금껏 타 문화권에 가서 그 사역을 이어 가고 있으니, 이런 기본 중의 기본이 되는 책이 먼저 자신에게 절실했겠지요.

그래서 고맙고 반가운 책입니다. 이제야 알게 된 것도 적잖아서 밑줄 쳐 가며 읽었습니다. 이 책으로 남을 가르치고 도움을 주다가 독자들이 먼저 얻는 것이 많을 것입니다. 누군가에게 선물을 주려고 샀다가 남 주기 아까운 책이 될 수도 있겠습니다. 그러지 말고 한 권 더 사서 줄 일입니다.

박대영 광주소명교회 책임 목사, 《묵상과 설교》 책임편집

어떤 일이든 처음은 서투르고 어설프기 마련입니다. 그 이유는 미숙함과 무지함 때문입니다. 신앙생활도 그와 같습니다. 처음 시작하면 아무것도 모르고서 시작합니다. 그래서 하나하나 알아 가고 배워 가야 합니다.

모든 일이 그렇듯 신앙생활과 교회도 시작이 중요합니다. 그 시작을 쉽고 바르게 도와줄 안내자가 필요합니다. 이 책은 그 시작을 바르고 친절하게 이끌어 줄 안내자가 되어 줄 것입니다. 교회를 다니지만 왜 다니는지 모르는 분, 교회에서 하는 말들을 잘 알아듣지 못하는 분들에게 큰 도움이 될 것입니다.

이영인 주의말씀교회 담임 목사, 백석문화대학교 겸임교수

차를 구입하고 나면, 본격적으로 운전을 시작하기 전에 자동차 설명서를 꼼꼼히 읽어 봐야 합니다. 물론 그 설명서를 읽지 않아도 당장 운전을 즐기는 데에는 큰 지장이 없겠지만, 장기적으로는 문제가 생길 겁니다. 계기판에 들어온 경고등이 무슨 뜻인지 몰라서, 차의 중요한 기능을 몰라서, 특정 기능을 오해해서 오작동하는 일뿐만 아니라 사고가 나는 일도 벌어질 수 있습니다.

그래서 여러분이 교회에 처음 발을 들여놓기 전에, 이 책을 반드시 숙지하길 권합니다. 여러분이 교회 생활 가운데 마주할 수 있는 여러 개념, 용어, 상황에 관하여 이 책은 아주 간결하고도 쉬운 문체로 그 뜻을 설명해 줍니다. 그래서 이 책을 잘 숙지하고서 신앙생활 하신다면, 교회의 여러 기능을 충분히 활용할 수 있는 프로 교회 드라이버가 되실 겁니다.

그런데 책의 제목과는 다르게, 이 책은 기존 성도들에게도 필요하다고 생각합니다. 사실 이 책의 내용들은 우리가 원래 '알았어야' 할 내용들입니다. 교회를 5년, 10년 다녔다면, 모태신앙이라면, 집사 혹은 권사 직분까지 받았다면, 이 내용들은 원래 알았어야 하는 내용들이지요. 때문에, 빠르게 이 책을 펼쳐 보길 권합니다. 이 중에 모르는 게 있었다면, 나의 신앙생활에 큰 구멍이 있었다는 뜻이기에, 얼른 이 책을 통해 남몰래 그 구멍을 메꾸기 바랍니다.

또 목회자들에게도 이 책은 큰 도움이 된다고 생각합니다. 앞에서 말했듯, 이 책의 내용들은 교회 공동체들에서 마땅히 가르쳐졌어야 할 내용들입니다. 그렇기에 이 책을 보면서 '나는 과연 이 책의 내용들을 우리 교회 성도들에게 알려 주고 있었나?' 하는 목회적 가르침에 대한 반성을 해 볼 수 있는 아주 좋은 책입니다. 나아가서, 저자의 쉬운 문체와 그 안에 담긴 성도를 향한 배려와 사랑을 참고하면서, '나 또한 성도들의 눈높이에 맞추어 성경 지식을 삼키기 좋게 잘 씹어 주고 있었는가?'를 돌아볼 수 있을 것입니다.

누군가가 "기독교가 뭐예요?", "교회가 뭐예요?"라고 묻는다면, 긴말 없이 이 책을 내밀어 주십시오. 수많은 말들보다 더 정확하고 확실한 설명을 이 책이 대신해 줄 겁니다.

 # 차성진 목사, 엠마오연구소 운영자

프롤로그

 이 책은 교회에 처음 오신 분들과 오랫동안 신앙생활을 하고는 있지만 교회에서 사용하고 있는 기본적인 용어의 의미를 잘 모르고 계신 분들을 돕기 위한 책입니다. 신앙생활을 시작하거나 계속해 나가는 과정에서 많은 분들이 이러한 궁금증을 가지고 있습니다. 은혜란 무엇인가? 구원이란 정확히 무슨 의미인가? 왜 아멘이라고 말하는가? 이러한 질문들이 너무 기초적인 것 같아 부끄러워서 물어보지 못하는 경우가 의외로 많습니다. 하지만 이러한 기본 용어들을 정확히 이해하는 것이야말로 건강한 신앙생활의 출발점입니다.

 이 책의 내용은 목회자로서, 그리고 선교사로서 30여 년간 제가 배우고 가르쳤던 내용을 정리한 것입니다. 때문에 제가 처음 신앙생활을 시작하면서 궁금했던 용어들이나 사역 현장에서 실제로 자주 받았던 질문들 중 꼭 알아야 할 핵심 내용들을 중심으로 구성

했습니다.

1부에서는 '하나님', '예수님', '성령님'과 같은 기독교의 기본 용어들을 설명했습니다. 2부에서는 예배 순서와 그 안에서 사용되는 용어들의 의미를 다루었습니다. 그리고 3부에는 죄, 복음, 구원 등 기독교의 핵심 교리들을 정리하여 수록했습니다.

각 장은 질문과 답변 형식으로 구성되어 있어, 독자들이 마치 대화하듯 편안하게 읽으면서도 명확한 답을 얻을 수 있도록 했습니다. 어려운 신학 용어보다는 일상의 언어로 설명하려고 노력했으며, 필요한 경우 성경 구절을 함께 제시하여 말씀에 근거한 이해를 돕고자 했습니다.

끝으로 부록에는 이 책을 준비하면서 도움받은 자료들과 더 깊이 공부하기 원하는 분들을 위한 참고 문헌들을 수록했습니다. 이 책과 함께 읽으시면 더욱 유익하리라 생각합니다.

책이 편집되기까지 그리고 제가 사역자로 살아올 수 있도록 저에게 선한 영향을 주신 분들이 많습니다. 다 언급할 수 없겠지만, 사역자로 살아갈 수 있도록 이끌어 주신 양창국 목사님(한빛전원교회), 설교와 목양을 고민하게 하셨던 故 송용석 목사님(참누리교회), 제자 양육의 길을 걷게 도와주신 박준오 목사님(행복한교회)과 조영수 목사님(새로운교회)께 감사드립니다. 본문과 사역 현장을 고민하게 해 주신 류호준 교수님(무지개성서교실)과 박대영 목사님(광주소명교회), 형 같은 아우이자 친구인 이영인 목사님(주의말씀교회), 아끼는 제자이자 동역자인 차성진 목사님(엠마오연구소)께 졸고를 추천해 주셔서 진심으로 감사하다는 말씀을 드립니다. 그 외에 이름 없이 빛도 없이 기도와 물질로 후원해 주신 교회들과 지체들에게 감사드립니다.

그리고 교정에 도움을 주신 사랑하는 동역자 이원영 목사님, 하율 선교사님, 김남선 전도사님께도 진심으로 감사드립니다. 출판을 도와주신 강인구 대표님과 세움북스 직원분들께도 감사드립니다.

이 책이 하나님을 알아 가는 여정과 슬기로운 교회 생활을 위한 작은 디딤돌이 되기를 소망합니다. 혼자 읽으셔도 좋고, 가족이나 소그룹에서 함께 읽으며 나누어도 좋습니다. 질문하는 것을 부끄러워하지 마시고, 이 책을 통해 신앙의 기초를 든든히 세워 가시기를 바랍니다.

추천사 · 5
프롤로그 · 10

제1부 ● 기독교 용어 사전

Q.1 기독교란 무슨 뜻일까요? · **18**
Q.2 왜 '하나님'이라고 할까요? · **23**
Q.3 교회란 무엇인가요? · **28**
Q.4 교회는 무엇을 하는 곳인가요? · **32**
Q.5 교회에 꼭 가야 하나요? · **38**
Q.6 성경인가요? 성서인가요? · **43**
Q.7 할렐루야, 아멘? · **48**
Q.8 임마누엘이 뭐예요? · **52**
Q.9 신앙고백이 뭐예요? · **56**
Q.10 주기도문이 뭐예요? · **61**
Q.11 십계명이 뭐예요? · **66**
Q.12 어떤 교파, 어느 교단으로 가야 하죠? · **70**

제2부 ● 예배 용어 사전

Q.13 예배란 무엇인가요? · 76
Q.14 왜 예배해야 하나요? · 80
Q.15 성례란 무엇인가요? · 85
Q.16 예배는 왜 일요일에 하나요? · 89
Q.17 왜 일어났다 앉았다 하나요? · 93
Q.18 기도란 무엇인가요? · 96
Q.19 하나님의 음성이 정말 들리나요? · 101
Q.20 설교를 꼭 해야 하나요? · 105
Q.21 헌금을 왜 드리죠? · 109
Q.22 축복기도는 누가 할 수 있나요? · 113

제3부 ● 교리 용어 사전

Q.23 기독교 세계관이란 무엇인가요? · **120**

Q.24 하나님의 형상이란 무엇인가요? · **124**

Q.25 죄란 무엇인가요? · **128**

Q.26 죄의 결과는 무엇인가요? · **133**

Q.27 복음이 뭐예요? · **137**

Q.28 구원이 뭐예요? · **141**

Q.29 구원의 다른 표현이 있나요? · **144**

Q.30 재림이 뭐예요? · **152**

Q.31 천년 왕국이 뭐예요? · **156**

Q.32 최후 심판이 뭐예요? · **160**

Q.33 하나님 나라가 뭐예요? · **165**

에필로그 · 170
부록 _ 주제별 참고 자료 · 172

제1부
기독교 용어 사전

기독교
하나님
교회
예배
성경
성서
할렐루야
아멘
임마누엘
신앙고백
주기도문
십계명
교단

기독교란 무슨 뜻일까요?
: 왜 '기독교'라는 용어를 사용하고 있나요?

무엇이든 처음 시작하게 되면 궁금한 것이 많기 마련입니다. 신앙도 마찬가지일 것입니다. 궁금한 점이 있으면 찾아보거나 배우면 되지만, 그것이 항상 쉽지만은 않은 것 같습니다. 그래서인지 기독교(基督教)를 믿으려고 하거나 이미 믿고 있지만, 왜 '기독교'라고 하는지 잘 모르는 사람들이 많습니다. 여러분은 '기독교'의 뜻을 알고 계십니까? 한번 생각해 보십시오. 기독교(基督教)가 무엇을 의미하는지, 왜 '기독교'라고 하는지….

알려진 바에 따르면, '기독(基督)'이라는 용어는 17세기 가톨릭의 선교사 바세(J. Basset)가 헬라어 '그리스도(Χριστός:

크리스토스)'를 한자로 음역한 '기리사독(基利斯督: 지리스두)'에서 비롯되었습니다. 그 후 1810년에 중국 선교사 로버트 모리슨(Dr. Robert Morrision, 1782~1834)이 동역자 밀렌(Rev. William Milne)과 함께 1819년에 사도행전을 중국어로 번역하는 과정에서 바세의 용어인 '기리사독(基利斯督: 지리스두)'과 '기독(基督: 지두)'를 번갈아 사용했다고 합니다.

이와 같이 '기독(基督)'이라는 용어에 '가르칠 교(敎)'자를 더해서 '기독교(基督敎)'가 된 것입니다. 문자 그대로 하면 기독교(基督敎)는 '그리스도를 가르치다'라는 의미가 됩니다. 그렇다면 '그리스도'는 무슨 뜻일까요? '그리스도'라는 말은 일반적으로 헬라어 '이에수스 크리스토스(Iησους Χριστος)'에서 유래하며, 이는 '예수는 그리스도'라는 히브리어 '예슈아 하 마시아흐(יֵשׁוּעַ הַמָּשִׁיחַ)'를 번역한 이름으로 알려졌습니다.

구약 성경에서는 왕과 제사장과 선지자, 이 세 가지 직분을 세울 때 기름을 부었습니다. 예수님 당시 팔레스타인 지역에서 그리스도는 '구원자'라는 의미로도 사용되었지요. 정리하자면 기독(基督), 즉 그리스도는 '메시아'와 같은 뜻으로 '기름 부음을 받은 자'라는 의미입니다.

기독교(基督敎), 즉 예수님을 그리스도로 믿고 가르친다는 것은 세 가지를 함의합니다.

첫째, 예수님이 우리를 다스리시는 영원하신 '왕'이라고 믿으며 가르친다는 것입니다(계 11:15). 그러므로 그리스도인은 세상의 방법이나 자기 생각, 계획, 지식이 아니라 예수님의 말씀으로 다스림을 받으며 살아야 합니다. 성령님께서 우리를 그 다스림 안에서 살아가도록 도우십니다(요 16:7-15).

둘째, 예수님을 '선지자'라고 믿고 가르친다는 것입니다. 하나님은 모세와 같은 선지자를 일으키시겠다고 약속하셨고(신 18:15), 그 약속대로 예수님께서 선지자로 오셨습니다(요 6:14). 기독교인은 예수님께서 가르쳐 주신 하나님 나라를 소망하며, 이 땅에서 그 하나님 나라를 이루며 살아가는 사람들입니다.

셋째, 예수님을 제사장 곧 유일하신 '대제사장'으로 믿고 가르친다는 것입니다(히 7:1-28). 예수님께서 단번에 영원한 제사를 드리셨으므로 더 이상 희생의 제물이 필요하지 않습니다(히 10:5-18).

◆

기독교(基督敎)는 그리스도를 가르치는 모임입니다. 그렇기에 '교회(敎會)'라는 명칭보다 '기독교회(基督敎會)'라고 하는 것이 더욱 명확한 표현입니다. '기독교인(基督敎人)' 혹은 '그리스도인(Christian)'이라는 용어는 사도행전 11장 26절에 기록되었듯이 안디옥 교회에서 처음 불리기 시작했습니다. 처음에는 비난하는 용어로 사용되었으나, 차츰 '그리스도를 따르는 사람들' 혹은 '그리스도께 속한 사람들'이라는 뜻으로 변하게 되었습니다.

되짚어 보기

1. '기독교'라는 단어는 어떤 의미를 가지고 있나요?

2. 기독교에서 가르치고 있는 예수님의 세 가지 직분은 무엇인가요?

3. '그리스도인(Christian)'이라는 용어는 어디에서 유래했나요?

Q.2

왜 '하나님'이라고 할까요?
: 하느님인가요? 하나님인가요?

　애국가 가사 중에 "하나님이 보우하사…"가 맞을까요? "하느님이 보우하사…"가 맞을까요? 어느 가사가 맞는지 궁금해하는 분들이 많습니다. 여러분은 어떻게 생각하시나요? 초등학교가 아닌 국민학교에 다니셨던 분들은 대체로 '하나님'으로 대답하는 분들이 대부분이실 것이고, 초등학교라는 명칭이 붙은 이후에 다니신 분들은 '하느님'으로 대답하실 수도 있겠습니다. 본래의 가사가 무엇을 의미하든 정확한 유래를 알기는 어려우나, 틀림없는 사실은 애국가에 신앙 고백적 가사가 담겼다는 사실입니다.

　기독교 안에서도 '하나님'이라고 하는 고유명사의 기원

에 대해 의견이 분분합니다. 많은 사람들이 기독교는 유일신이라는 개념에서 '하나님'이라고 하는 말의 기원을 두고서 수사(數詞) '하나(一)'에 존칭 접미사 '님'이 붙어 '하나님'이 되었다고 말합니다. 그러나 세종 29년의 〈용비어천가〉(1447)에서는 하늘이 "하늘"이라고 명시되어 있습니다. 성종 12년 조선 전기 〈삼강행실도〉(1431)와 정조 21년 조선 후기 〈오륜행실도〉(1797), 《독립신문》에 이르기까지, 하늘은 여전히 "하늘"로 표기하고 있고, 숫자 '하나(一)'가 포함된 '한 달'은 'ᄒᆞᆫ 들'로 표기하고 있는 것을 볼 수 있습니다.

〈훈민정음〉이 창제된 후 일제 강점기 동안 '아래아(·)' 자가 사라지기까지, 숫자 '하나'에 존칭 접미사 '님'을 붙인 예는 단 한 번도 존재하지 않았습니다. 독립적으로 존재했던 말은 '하늘님' 혹은 '하ᄂᆞ님'의 동일한 어원인 '하늘(하늘)'이 있었습니다. 수사(數詞) '하나(一)'를 의미하는 단어는 훈민정음 창제 당시부터 'ᄒᆞᆫ' 혹은 'ᄒᆞ나' 그리고 'ᄒᆞ나'로 표기되어 구한말을 거쳐 일제 강점기까지 쓰였습니다. 그러니 우리가 알고 있는 수사(數詞) '하나(一)'와 하늘을 뜻하는 '하늘'이나 '하늘님'과는 어원부터 다른 것입니다.

그러면 '하나님'이라는 용어는 어디에서 왔을까요? '하나님'은 존 로스(John Ross, 1842~1915)와 평안북도 의주의 이응찬, 이성하, 김진기, 백홍준, 서상륜이 번역한 〈예수교성교젼셔〉(1882)에서 처음 등장합니다. 1882년 3월에 출간한 누가복음에서는 "하느님"으로 표기했었는데, 5월에 출간한 요한복음에서는 "하나님"으로 출간한 것입니다. 그러다가 1887년에 이르러 "아들(아들)"과 더불어 "하나님"을 같이 표기했습니다. 이는 당시 '하늘님(하느님)'과 '아들(아들)'로 평안도에서 상용되던 단어가 '하느님'과 '하나님' 그리고 '아들'과 '아달'로 발음되었기 때문입니다.

중국에서는 하나님을 '上帝(샹띠)'나 '神(션)'으로 표기했는데, 이는 당시 중국에 가장 널리 사용되었던 초월적 신의 개념인 '상제(上帝)'와 편재적 신의 개념인 '신(神)'의 개념을 착안한 번역이었기 때문입니다. 이 영향으로 1906년 〈국한문 신약젼셔〉에서도 '하느님'을 "上帝(상제)"로 표기하였고 '하느님 나라'를 "上帝國(상제국)"으로 표기했습니다. 그러다가 일제 강점기를 거쳐 오면서 천주교는 "하느님"으로, 개신교는 "하나님"으로 표기하기 시작합니다. 그러니 기독교의 하나님은 수사(數詞) '하나(一)'에 존칭 접미사 '님'의 합성어가 아니라, 훈민정음 표기 방법에 따라 당시 조선인들이 신으로 섬겼던 '하늘'에 존칭 접미사 '님'가 붙어 합성어가 될 때, 'ㄴ'앞에서 'ㄹ'음이 탈락하는 자음탈락 현상으로 인해 '하늘님'에서 '하나님'이 된 것입니다.

◆

우리가 일반적으로 하나님은 하나의 신, 곧 유일신에 대한 신앙 고백적 단어로 알고 있으나, 실제로는 '하늘(하늘)'이라는 명사에 존칭 접미사인 '님'이 붙은 합성어입니다. 하지만 그 유래가 어떠하든지, 우리가 믿는 하나님은 두말할 나위 없는 유일하신 참하나님이십니다(요 17:3).

되짚어 보기

1. '하늘님' 혹은 '하ᄂ님'의 어원은 무엇입니까?

2. 개신교에서 '하나님'이라는 용어를 처음 사용한 사람은 누구입니까?

3. '하느님'과 '하나님'은 어떤 차이가 있을까요?

교회란 무엇인가요?
: 교회? 저기 보이는 건물 아닌가요?

기독교의 의미를 설명하면서 교회(敎會)의 명확한 명칭은 '기독교회(基督敎會)'라고 했습니다. 그 의미는 '그리스도를 가르치는 사람들의 모임' 혹은 '그리스도를 믿는 사람들'입니다. 그런데 사람들이 보통 건물인 예배당(禮拜堂)에 가면서 "교회에 간다"라고 말하니까, 교회가 건물을 말하는 건지, 아니면 사람들을 말하는 건지 헷갈리는 경우가 많습니다.

그렇다면 성경은 교회를 어떻게 설명하고 있을까요? 놀랍게도 구약에서는 '교회'라는 용어 자체가 등장하지 않습니다. 구약에서는 교회와 비슷한 의미로 '회중의 모임', '하나님의 성회'나 '총회'등으로 표현하며, '모임'이라는 의미를 가집니다(창 49:6; 민 22:4; 신 4:10; 9:10; 18:16). 그리고 구약 시대의 성도들은 '제단, 성막, 성전'을 중심으로 신앙생활을 하였으며, 이러한 장소는 '하나님이 임재하시는 곳'을 의미했습니다.

반면 신약에 와서는 교회라는 용어가 120회 정도 등장하며, '함께 불러내어 모임'(행 8:1; 19:39; 롬 16:5 등)을 의미하며, "그리스도의 몸", "하나님의 전", "하나님께서 거하실 처소"(고전 3:16; 고후 6:16; 엡 2:21-22; 계 21:22) 등의 장소가 아닌 '사람'을 지칭하는 의미로 사용되었습니다.

따라서 "교회에 간다"라고 할 때, 그것이 건물이나 장소를 의미한다면 '예배당(禮拜堂)' 혹은 '교회당(敎會堂)'으로 표현해야 옳습니다. 하지만, 일반적으로 많은 사람들이 습관적으로 '교회당'이 아닌 "교회에 간다"라고 표현하고 있습니다. 게다가 연세가 지긋하신 분들은 오랜 세월 동안 '예배당(禮拜堂)'을 '성전(聖殿)'이라고 부르고, 또 '설교단(說敎壇)'이나 '강단(講壇)'을 '제단(祭壇)'이라고 부르는 습관이 있습니다.

그러나 예수님을 믿는 사람들이 '성령님의 전'(고전 3:16)이므로, 더 이상 건물을 '성전(聖殿)'이라고 불러서는 안 됩니다. 또 예수님께서 자기 몸을 제물로 하여 단번에 영원한 제사를 드렸기에, 더 이상 '제사'나 제사를 드리는 '제단(祭壇)'은 필요하지 않습니다. 즉, 설교단이나 강단을 '제단'이라고 부르는 것은 옳지 않습니다.

◆

교회(敎會)는 '그리스도 안에서 성령으로 말미암아 하나님 자녀로서의 신분을 가진 사람들이 모인 모임(공동체)'을 의미합니다. 즉, 예수 그리스도의 이름으로 모인 우리가 교회입니다. 건물(장소)을 교회로 오해하지 마십시오.

되짚어 보기

1. 구약과 신약에서 나타나는 '교회'의 의미는 각각 어떻게 다른지 설명해 보세요.

2. 예배당(禮拜堂)을 성전(聖殿)이라고 부르지 말아야 하는 이유는 무엇인가요?

3. 교회(敎會)의 본질적 의미를 신약 성경의 관점에서 말해 보세요.

교회는 무엇을 하는 곳인가요?
: 그들만의 리그(League)인가? 아니면…

저는 축구를 잘 못합니다. 하지만 축구를 정말 좋아합니다. 많은 리그 중에서도 이탈리아 세리에 A리그의 '유벤투스'를 좋아했고, 지금은 EPL을 자주 봅니다. 모든 팀에는 스타 플레이어가 있고 그들의 영향력은 매우 큽니다. 교회도 영향력이 있어야 한다고 생각합니다.

교회는 기본적으로 지역 사회와 세계 선교를 위해 선한 영향을 끼쳐야 합니다. 왜냐하면 그리스도를 믿고 가르치는 모임인 교회는 여러 면에서 성장(성숙)해야 함과 동시에 사회적 책임과 의무도 가지고 있기 때문입니다. 다시 말해, 교회는 머리이신 그리스도의 몸으로서 '한 몸'을 이루며 영적인 성장을 해야 하고, 지역과 사회에 선한 이웃이 되어야 합니다. 그런 의미에서 교회의 역할을 다음 네 가지로 요약해 볼 수 있습니다.

첫 번째는 예배(禮拜, Worship)입니다. 예배는 하나님의 명령이요 모든 피조물의 의무입니다. 예배의 요소에서 가장 중요한 것은 예배의 대상입니다. 기독교는 삼위일체 하나님께만 예배합니다(요 4:23-24). 예배의 대상은 사람이나 다른 어떤 존재가 될 수 없습니다(십계명 참고). 다른 것을 섬기거나 숭배하라고 가르친다면, 그것은 기독교가 아닙니다. 그런 점에서 특히 이단을 주의해야 합니다. 이단들은 교주나 다른 무엇인가를 예배하고 섬기도록 가르칩니다. 그러나 기독교는 삼위 하나님만을 예배하고 그 말씀인 성경을 청종하라고 가르칩니다.

두 번째는 교육(敎育, Instruct)입니다. '교육(敎育)'이라는 단어는 본래 맹자의 '得天下英才而敎育之(득천하영재이교육지)'라는 말에서 유래했습니다. '가르칠 교(敎)' 자는 회초리로 아이를 배우게 한다는 뜻이고, '기를 육(育)' 자는 갓 태어난 아이의 성장을 돕는다는 의미입니다. 따라서 건강한 교회는 하나님의 말씀인 성경을 배우며 자라가야 하고, 말씀의 교훈으로 바르게 경책(警策)받을 수 있어야 합니다(딤후 4:2). 그리고 모든 그리스도인은 하나님 나라의 복음과 말씀을 배우고 지키는 데 최선을 다해야 합니다(딤전 4:15-16). 또한 성경에서 벗어난 다른 교리나 다른 사상이 교회 안에 있어서는 안 됩니다. 따라서 성경의 내용을 임의로 가감(可堪)해서도 안 됩니다. 여기서 말하는 '교육'은 'Education'이 아닌, 그리스도와 그분의 십자가를 제시하고 안내하는 'Instruct'라는 의미입니다. 그리스도인이라면 누구를 만나든지, 어떤 이단을 대하든지 기독교의 핵심 진리를 스스로 전할 수 있기까지 배우는 데 열심을 내야 합니다.

세 번째는 교제(交際, Fellowship/相通)입니다. 한자의 뜻은 '서로의 경계를 넘어서 사귀다'라는 의미입니다. 신앙고백인 사도신경에서 우리가 "성도의 교제를 믿는다"라고 할 때의 교제(κοινωνία)란, 서로가 친밀해지는 것을 넘어서 말씀과 기도의 교제, 성례의 교제, 더 나아가서 다른 사람을 섬기는 봉사까지 포함하는 깊은 의미입니다(요일 1:3). 교회의 교제는 자발적 참여로 이루어져야 합니다. 자발적인 자기희생을 통해서 나눔과 섬김의 기쁨을 누리고 주님의 평안을 받아 누리게 되는 것입니다.

　마지막 네 번째는 전도(傳道, Evangelical Work)입니다(막 16:15). 한자의 뜻은 도를 전한다는 의미입니다. 즉 십자가의 도(고전 1:18)를 전하는 것입니다. 기독교인들은 흔히 기도를 '영혼의 호흡'이라고 말하고, 말씀을 '영의 양식'이라고 합니다. 그런데 생각해 보십시오. 호흡도 하고, 먹고도 있는데, 움직이지 않는다면? 그런 사람은 병원 중환자실에 누워 있어야 합니다. 왜냐하면 그는 움직이지 못하는 식물인간이기 때문입니다. 물론 코마(coma, $κῶμα$) 상태에 있는 분들을 무시하거나 그들의 생명을 존중하지 않는다는 의미가 아닙니다. 여기서 말하는 것은 사지(四肢)가 멀쩡하고 움직일 수 있지만 움직이지 않고 있는 상태의 성도들을 비유하고자 하는 의도입니다. 전도는 '영혼의 움직임', 즉 영적 운동입니다. 주님의 지상 명령도 만민에게 복음을 전파하는 것입니다(마 28:19-20). 따라서 건강한 교회와 성도는 때를 얻든지 못 얻든지 반드시 복음을 전파해야 합니다(딤후 4:2).

◆

이렇게 교회가 하는 일을 예배(Worship)와 교육(Instruct)과 교제(Fellowship)와 전도(Evangelical Work)로 축약할 수 있습니다. 만일 교회가 이 역할들을 감당하지 않는다면, 교회는 영적 성장을 이룰 수 없습니다. 이러한 역할을 잘 감당하는 교회가 하나님의 집이요, 진리의 기둥과 터이며(딤전 3:15), 그리스도의 신부(WIFE, 계 21:9)입니다.

되짚어 보기

1. 교회의 네 가지 주요 역할은 무엇인가요?

2. 기도와 성경 그리고 전도의 다른 별명은 무엇인가요?
   기도는 영혼의 (   )
   성경은 영의 (   )
   전도는 영혼의 (   )

3. 교회의 네 가지 특징으로 교회는 그리스도의 무엇이라고 부를 수 있나요?

교회에 꼭 가야 하나요?
: 아니, 집에서 예배(禮拜)하면 될 텐데 굳이?

혼자 예배(禮拜)하면 되지, 왜 굳이 여럿이 모여서 예배해야 하는지 의문을 품는 분들이 있습니다. 또 건강한 교회를 못 찾겠다고 아예 교회에 출석하지 않는 성도들도 많습니다. 이렇게 방황하는 성도들을 '가나안 성도'라고 부르기 시작한 지도 벌써 꽤 오랜 세월이 지났습니다.

건강한 교회가 없는 것인지, 아니면 본인들 입맛에 맞는 교회가 없는 것인지에 대한 의견이 많습니다. 여러 이유가 있겠지만, 그중 가장 큰 이유는 교회가 무엇인지 모르고 목회하는 목회자나, 신앙이 무엇인지 제대로 알지도 못한 채 신앙생활 하는 사람들 때문인 것 같습니다. 그래서 건강한 교회를 찾을 수도 만날 수도 없는 것이 아닐까 하는 생각이 듭니다. 물론 건강한 교회를 추구하고 열심히 목회하며 신앙생활 하는 분들을 폄하(貶下)거나 평가절하(平價切下)하고 싶은 생각은 추호도 없습니다. 보이지 않게 건강한 교회를 추구하며 목회자로서 성도로서 신앙생활 하는 분들이 분명 존재합니다.

그렇다면 우리는 왜 그리스도를 가르치는 모임인 교회에 출석해야 하는 것일까요? 왜냐하면 하나님의 백성이요(벧전 2:9-12), 그리스도의 몸(엡 1:23)이요, 성령의 전(고후 3:16)인 교회는 예수 그리스도를 떠나서는 생각할 수 없는 말이기 때문입니다. 즉, 머리 되신(골 1:18) 그리스도와 연합(롬 6:3; 요 15장)한 나는 교회와 한 몸으로 연합(엡 4:4-6)되어 있다고 생각하면 틀림없습니다. 그래서 완벽하고 완전한 교회를 찾아 출석하려는 것이 아니라 내가 '그리스도의 몸 된 일원이라는 것을 확인'하는 차원에서 교회에 출석하려고 해야 함이 옳다는 것입니다. 그러면 '왜 구태의연하게 예배당에 나가서 그것을 확인해야 하는가?' 하는 딜레마 같은 질문에 빠지게 됩니다. 교회 공동체와 함께해야 하는 이유를 세 가지로 축약할 수 있습니다.

첫째, 하나님은 그리스도를 통하여 예수님을 믿는 나를 하나님 백성의 일원(벧전 2:9-12)으로 만드셨기에 교회 공동체와 함께해야 합니다. 우리는 매 주일(일요일) 예배당에서 예배를 통해 하나님과 만나며 동시에 교회 공동체를 만나게 됩니다. 그리고 그렇게 함께하는 주일 예배를 통해서 우리의 영적인 시각이 열리게 되고, 공동체와의 공유와 교제를 통해 영적인 성장이 이루어지게 됩니다.

둘째, 주일 예배에는 우리 자신을 하나님께 드리며 동시에 서로에게 자신을 내어주는 희생의 의미가 담겨 있기 때문입니다. 그리스도인들은 서로 짐을 지고(갈 6:2), 피차 권면하며(히 3:13; 10:25), 서로를 존경하고(롬 12:10), 피차 복종하면서(엡 5:21) 함께 지어져 가야 합니다(엡 2:22).

셋째, 기독교 공동체의 생활은 예배와 교훈과 회개에 함께 참여하는 것을 의미합니다. 하나님은 그리스도께서 시작하신 일을 그리스도의 몸(엡 1:23)인 교회를 통해 계속 이루어 나가시려는 계획을 갖고 계십니다. 그래서 그분은 교회를 믿음의 공동체, 증거하는 공동체, 그리고 화목하게 하는 공동체로 만드십니다.

세상에 완벽하고 완전한 교회는 존재하지 않습니다. 그런 교회를 찾아야만 교회에 나가겠다고 하는 것은 어불성설입니다. 우리는 그리스도의 몸 된 일원(지체)이라는 것을 확인하는 차원에서 교회에 나가야 합니다. 또 하나님께서 예수 그리스도를 통해 교회 공동체를 만드셨으므로, 우리는 교회에 나가야 합니다. 그리고 우리 자신을 하나님께 드리고, 서로에게 자신을 내어 주는 유익을 주고받아야 하기에 교회에 나가야 합니다. 마지막으로, 교회 공동체에서 함께 예배하고 말씀으로 교훈을 받으며 회개에 참여하기 위해 교회 공동체에 나가야 하는 것입니다.

되짚어 보기

1. 한곳에 정착 못 하는 성도들을 가리켜 무슨 성도라고 부르나요?

2. 교회는 누구를 떠나서는 설명할 수 없나요?

3. 교회에 출석해야 하는 세 가지 주된 이유는 무엇인가요?

성경인가요? 성서인가요?
: 기독교의 경전, 뭐라고 불러야 하나요?

　기독교의 경전을 '성경(聖經)'이라고 부를 것인지, '성서(聖書)'라고 부를 것인지 논란이 있습니다. '거룩할 성(聖)' 자에 '경서(經書) 경(經)' 자를 써서 '성경(聖經)'이라고 하면, 우리의 경전을 너무 높여 부르는 것 같다고 하고, '거룩할 성(聖)'자에 '책 서(書)' 자를 쓰면, 그 경전을 너무 낮춰 부르는 것 같다는 것입니다.

　사실 중국 전통을 따르는 이들은 '성경(聖經)'이라고 불러오고 있고, 일본 전통에서는 '성서(聖書)'라고 불렸습니다. 그런데 우리나라에서는 '성경(聖經)'과 '성서(聖書)'를 같이 사용해 왔습니다. 예를 들면 모세오경은 경(經)이라고 하고 예언서(豫言書)나 선지서(先知書)는 '경(經)'이 아닌 '서(書)'라고 합니다. 예언서 같은 경우, 고문에서 '예언(豫言)'과 '예언(預言)'은 같은 의미, 즉 '미리 말하다'라는 뜻으로 사용되었으나, 시간이 흐르면서 '예(豫)'는 '미리'라는 의미로 '예(預)'는 '맡기다'라는 의미로 나뉘게 되었습니다. 따라서 성경은 미리 장래의 일을 말하기도 하지만, 대부분 믿는 우리에게 맡기신 말씀이니 그 말씀에 순종하며 살아가면 될 것입니다. 하지만 용어에 대한 이러한 고민들 때문에 선교 초기 한국에서는 성경을 출판할 때, 한동안 「성경전서(聖經全書)」라 하여 두 용어를 같이 사용하기도 했습니다.

그러나 기독교 경전의 고유한 이름은 '언약(言約, בְּרִית)'혹은 '계약(契約, Testament)'입니다. 더 구체적으로는 '구약(Old Testament)'과 '신약(New Testament)'입니다. 이는 다른 종교들과 구별되는 성경(성서)의 독특한 이름입니다.

오랜 시간이 흐르면서 구전으로, 혹은 문서로 내려오던 것들을 정경(正經, Canon, κανών)으로 규정할 필요가 생겼습니다. 이는 그만큼 교회 안에 다른 복음을 알리려는 이단들이 많이 생겼고, 유사 복음서들 같은 문서들이 생겨났기 때문입니다. 여러 역사와 규정들을 설명해야 하겠지만 구약 성경은 최종적으로는 AD 90년 유대인 랍비들의 모임인 얌니아(Jamnia) 공의회에서 총 39권을 구약의 정경으로 최종 확정했습니다. 신약 성경은 AD 363년 라오디게아와 AD 397년 카르타고에서 처음으로 27권을 정경으로 인정하게 됐습니다.

그렇다면, 성경은 왜 기록되었을까요?

요한은 기록 목적을 요한복음 20장 30-31절에서 이렇게 말합니다. "예수께서 제자들 앞에서 이 책에 기록되지 아니한 다른 표적도 많이 행하셨으나 오직 이것을 기록함은 너희로 예수께서 하나님의 아들 그리스도이심을 믿게 하려 함이요 또 너희로 믿고 그 이름을 힘입어 생명을 얻게 하려 함이니라"

예수님은 구약 성경의 기록 목적을 이렇게 말씀해 주셨습니다. "너희가 성경에서 영생을 얻는 줄 생각하고 성경을 연구하거니와 이 성경이 곧 내게 대하여 증언하는 것이니라"(요 5:39). 당시 성경은 당연히 구약 성경을 말합니다.

사도 바울은 디모데에게 편지하면서, "모든 성경은 하나님의 감동으로 된 것으로 교훈과 책망과 바르게 함과 의로 교육하기에 유익하니 이는 하나님의 사람으로 온전하게 하며 모든 선한 일을 행할 능력을 갖추게 하려 함이라"(딤후 3:16-17)라고 말했습니다.

그러므로 성경(성서) 66권은 우리 신앙의 온전한 기준과 나침반이 됩니다. 그러니 성령의 감동으로 우리에게 주어진 성경을 늘 묵상하고 가까이하며 신앙의 표준으로 삼고 신앙생활을 해야 합니다. 또한 정경이 우리에게 오기까지는 단순히 구전이나 옮겨 적기로 이어져 온 것이 아니라 수많은 순교자들의 핏값이 있었다는 것을 기억해야 합니다.

◆

성경이든 성서든, 하나님의 언약 혹은 계약으로서의 경전을 일컫는 말이라면 어떤 용어를 사용하든 상관없습니다. 신구약 성경(성서) 66권은 하나님께서 하신 언약의 말씀이고 우리 신앙생활의 표준이기 때문입니다.

되짚어 보기

1. 성경(聖經)과 성서(聖書)라는 용어는 각각 어떻게 사용되었나요?

2. 기독교 경전의 고유한 이름은 무엇인가요?

3. 성경의 기록 목적을 요한복음 20장 30-31절과 5장 39절, 그리고 디모데후서 3장 16-17절을 통해 설명해 보세요.

할렐루야, 아멘?
: '할렐루야'와 '아멘'이라고 말하는 이유는?

전문적으로 배우거나 자기 모국어가 아니면, 외국어를 대하는 것은 쉬운 일이 아닙니다. 영어, 중국어, 일본어는 그나마 자주 듣게 되고 조금이나마 배워 본 언어라 친숙하겠지만, 제3국의 언어들은 정말 낯설고 생소합니다. 교회에 출석하다 보면 종종 '할렐루야', '아멘'이라고 하는 알 수 없는 용어를 접하거나 듣게 됩니다. 그래서 무슨 의미인지도 정확하게 이해하지 못한 채 배운 대로만 말하게 됩니다.

그렇다면 '할렐루야(הַלְלוּיָהּ)'는 무슨 뜻일까요? 이는 히브리어로 '찬양하라(할렐루, הַלְלוּ)'라는 명령형 동사와 야훼(יהוה, 여호와)의 단축형인 '야(יָהּ)'의 합성어로서, "여호와를 찬양하라"(대상 16:36; 시 119:164; 117:4; 135:3; 147:1; 106:48)라는 의미를 가지고 있으며, 구약 시대 성전에서의 예배 찬송에서 유래했습니다.

이 말은 하나님을 찬양하라는 명령형의 말이므로, 일상적인 인사말이나 환영의 표현으로 사용하는 것은 적절하지 않습니다. 인사나 환영의 표현으로는 히브리어 '샬롬(שָׁלוֹם, 평강)'이나 신약의 '은혜와 평강'이라는 말을 활용하는 것이 더 적절합니다. '할렐루야'라는 말은 오직 창조주요 만유의 주이신 하나님만을 높여 송축하는 데 사용해야 합니다.

아멘(אָמֵן, ἀμήν)은 '그렇게 될지어다' 또는 '진실로 그러하다'라는 의미의 감탄사입니다. '진리(眞理)'라고도 번역되는데, 진리는 시간과 공간을 초월하여 변치 않는 것을 의미합니다. 성경에서는 하나님을 진리의 하나님(시 31:5)이라고 하고, 예수님을 진리(요 14:6)라고도 하며, 성령님을 진리의 영(요 14:17)이라고도 합니다. 그리고 하나님의 말씀을 역시 진리(요 17:17)라고 합니다. 요약하면, 기독교는 삼위일체 하나님과 그분의 언약의 말씀인 성경을 '진리'라고 말합니다.

아멘의 용례를 보면, 구약에서는 예언의 성취를 확신할 때(렘 11:5), 율법 낭독에 동의할 때(신 27:15-26), 서약이나 송영을 할 때(대상 16:36) 사용되었습니다. 신약에서도 하나님의 약속에 대한 확신(고후 1:20), 송영(롬 11:36), 서신서의 끝맺음(히 13:21) 등에 사용되었습니다.

따라서 '아멘'은 가볍게 사용할 수 있는 말이 아닙니다. 이는 하나님의 말씀이 진리임을 인정하고, 그 말씀이 이루어질 것을 믿는 진지한 신앙의 고백입니다. 기도 끝부분에 "예수님의 이름으로 기도합니다. 아멘"이라고 할 때도, 이는 그 기도가 반드시 이루어질 것을 믿는다는 고백인 것입니다.

◆

'할렐루야'는 오직 하나님을 찬양할 때만 사용하고, 일상적 인사는 '샬롬'이나 '안녕하세요'를 사용합시다. 또한 '아멘'은 단순한 동의를 표하기 위해 가볍게 사용하는 말이 아닙니다. 하나님의 진리에 대한 우리의 믿음과 순종을 표현하는 신앙고백의 말입니다.

되짚어 보기

1. '할렐루야'의 어원과 본래 의미는 무엇이며, 어떤 경우에 사용해야 하나요?

2. '아멘'이 '진리'와 연관되는 이유를 성경의 용례를 들어 설명해 보세요.

3. '할렐루야'와 '아멘'의 올바른 사용법을 각각 설명해 보세요.

임마누엘이 뭐예요?

: 예수님에게 또 다른 이름이 있었나요?

유교적 집안에서 자란 대부분의 사람은 어린 시절에 불렸던 '아호(雅號)'가 있었을 것입니다. 이와 달리, 예수님의 별칭인 '임마누엘'은 이사야 선지자의 예언에서 비롯되었습니다. 이사야 7장 14절과 마태복음 1장 23절에서 하나님은 "그러므로 주께서 친히 징조로 너희에게 주실 것이라 보라 처녀가 잉태하여 아들을 낳을 것이요 그 이름을 임마누엘이라 하리라"라고 말씀하셨습니다.

언어적으로 '임마누엘(עִמָּנוּאֵל)'은 히브리어로 '임(עִם)'은 '~와 함께'를 뜻하는 전치사이고, '누(נוּ)'는 '우리'를 뜻하며, '엘(אֵל)'은 '하나님'을 뜻합니다. 따라서 '임마누(עִמָּנוּ)'+'엘(אֵל)'은

'하나님께서 우리와 함께하신다'라는 뜻입니다.

'하나님께서 함께하신다'라는 약속은 이미 창세기에서부터 있었습니다. 아브라함(창 21:22)과 이삭(창 26:3)과 야곱(창 31:3)과 요셉(창 39:2)의 이야기에서 확인할 수 있습니다.

요한복음 1장 14절에서는 "말씀이 육신이 되어 우리 가운데 거하시매"라고 하여 하나님의 함께하심이 예수 그리스도를 통해 실현되었다고 말합니다. 요한복음 15장에서는 포도나무와 가지의 비유로 이를 더욱 구체적으로 설명하고 있습니다. 요한계시록 3장 20절에서는 문을 두드리시는 예수님을 말하면서, 주와 함께 거하며 먹을 것이라고 말했습니다.

사도 바울의 경우, 갈라디아서 2장 20절에서 "내가 그리스도와 함께 십자가에 못 박혔나니 그런즉 이제는 내가 사는 것이 아니요 오직 내 안에 그리스도께서 사시는 것이라 이제 내가 육체 가운데 사는 것은 나를 사랑하사 나를 위하여 자기 자신을 버리신 하나님의 아들을 믿는 믿음 안에서 사는 것이라"라고 하며, 주와 함께 죽고 믿음으로 사는 것이라고 고백합니다.

예수님도 직접 마태복음 28장 20절에서 "내가 너희에게 분부한 모든 것을 가르쳐 지키게 하라 볼지어다 내가 세상 끝 날까지 너희와 항상 함께 있으리라 하시니라"라고 말씀하셨습니다. 이처럼 '임마누엘'의 의미는 단순한 이름이 아니라, '하나님께서 우리와 영원히 함께하시겠다'라는 약속의 선포입니다.

◆

하나님은 언제나 우리와 함께 계십니다. 어디든지 항상 함께하십니다. 믿음의 조상 아브라함과 이삭과 야곱에게 약속하셨던 임마누엘의 하나님께서 어제나 오늘이나, 기쁠 때나 슬플 때나 영원히 우리와 함께하십니다.

되짚어 보기

1. '임마누엘(עִמָּנוּאֵל)'이라는 단어의 히브리어 어원을 분석하여 설명해 보세요.

2. 성경에서 하나님의 '함께하심'이 어떻게 점진적으로 나타나는지, 구약과 신약의 예를 들어 설명해 보세요.

3. 갈라디아서 2장 20절과 마태복음 28장 20절에 나타난 '하나님의 함께하심'의 의미를 설명해 보세요.

신앙고백이 뭐예요?
: 뭘 믿고 있는지 모르는데...

한국인들은 '암기 달인'이라고 말해도 과언이 아닐 것입니다. 아마도 학교나 학원의 주입식 암기 훈련 때문일 것입니다. 이런 암기 훈련은 신앙생활에서도 나타납니다. 대표적으로, '주기도문'과 '십계명' 그리고 신앙고백인 '사도신경'을 암기하는 것입니다. 외우라고 하고 상품을 준다고 하니 열심히 외우긴 하면서도, 무슨 내용인지 설명할 수 있는 사람은 매우 드물다고 생각합니다. 교회에서 암송하라고 하니까, 이유나 내용을 잘 알지 못하고서 외운 경우가 대부분이겠지요.

그렇다면, 우리는 신앙고백을 꼭 '사도신경'으로 해야

할까요? 꼭 그렇지는 않습니다. 사도신경이 유일한 신앙고백은 아닙니다. 영미 계통의 장로교회는 「사도신경」 외에도 「웨스트민스터 신앙고백」과 「웨스트민스터 대소교리문답」(1648)을, 유럽과 남아공의 개혁 교회들은 「벨기에 신앙고백」(1561), 「하이델베르크 교리문답」(1563), 「도르트 신경」(1619-19)을 신앙고백서로 채택하고 있습니다. 한국의 장로교회는 이 중에서 영미 계통의 전통을 따라 사도신경으로 신앙을 고백합니다.

> 나는 전능하신 아버지 하나님, 천지의 창조주를 믿습니다. 나는 그의 유일하신 아들, 우리 주 예수 그리스도를 믿습니다. 그는 성령으로 잉태되어 동정녀 마리아에게서 나시고, 본디오 빌라도에게 고난을 받아 십자가에 못 박혀 죽으시고, 장사된 지 사흘 만에 죽은 자 가운데서 다시 살아나셨으며, 하늘에 오르시어 전능하신 아버지 하나님 우편에 앉아 계시다가, 거기로부터 살아 있는 자와 죽은 자를 심판하러 오십니다. 나는 성령을 믿으며, 거룩한 공교회와 성도의 교제와 죄를 용서받는 것과 몸의 부활과 영생을 믿습니다. 아멘. (새번역)

사도신경은 하나님께 대한 우리의 신앙을 고백하는 내용으로 구성되어 있습니다. 무조건 암기하기보다는 내용을 알고 고백하는 것이 중요합니다. 사도신경은 총 다섯 개의 고백을 담고 있습니다.

❶ 성부(聖父) 하나님을 창조주로 믿습니다.
❷ 성자(聖子) 하나님이신 예수 그리스도를 구주로 믿습니다.
❸ 성령(聖灵) 하나님을 믿습니다.
❹ 성교회(聖教会)를 믿습니다.
❺ 성도(聖徒)를 믿습니다.

이 다섯 가지 고백에서 '성(聖)' 자는 '거룩함'을 의미합니다. 한자 '거룩할 성(聖)'은 '귀(耳)와 입(口)을 맡긴다(王)'라는 의미를 함의하고 있다고 볼 수 있습니다. 즉 한자의 의미로 보면, 듣는 것을 맡기고 말하는 것을 맡기는 것이 '거룩'입니다. 그러하기에, 주의 말씀에 귀 기울이고 주님께서 말씀하시는 것처럼 말하는 것이 '거룩' 아닐까요? 사도신경에는 성경(聖經)에 대한 직접적인 고백은 없는데, 이는 사도신경 자체가 이미 성경 66권을 하나님의 말씀으로 인정하는 신앙인들의 고백이기 때문입니다.

사도신경에서는 삼위일체(三位一體) 하나님을 고백합니다. 성부, 성자, 성령 하나님은 구별된 세 위격으로 존재하시지만(삼위), 동시에 동일한 한 분 하나님(일체)이십니다. 이 교리는 역사 속에서 니케아 공의회(325년), 콘스탄티노플 공의회(381년), 칼케돈 공의회(451년)를 거치며 확립되었습니다. 즉, 성부 하나님, 성자 하나님, 성령 하나님은 신적(神的) 공동체를 이루시며, 한 분 하나님으로 계십니다. 성부(聖父) 하나님은 세상을 창조하시고 보존하시고 섭리하시며, 성자(聖子) 하나님은 타락한 피조 세계와 인간을 구원하시고 회복하시며, 성령(聖靈) 하나님은 회복된 피조 세계와 인류를 생명으로 충만케 하십니다. 자세한 내용은 여러분이 출석하고 있는 교회를 통해 배우시면 좋겠습니다.

◆

신앙고백은 단순히 암기할 지식적 내용이 아닌, 우리가 믿는 바를 고백하며 공표하는 중요한 글입니다. 무조건적인 암기보다는 그 의미를 이해하고 진실된 마음으로 고백하는 것이 중요합니다.

되짚어 보기

1. 사도신경의 다섯 가지 핵심 고백은 무엇인가요?

2. 삼위일체 교리가 어떻게 역사적으로 확립되었는지 설명해 보세요.

3. 사도신경 외에 다른 신앙고백서들의 예를 들어 보세요.

주기도문이 뭐예요?

: 주님께서 직접 가르쳐 주신 기도라고요?

어느 종교나 기도를 합니다. 주기도문은 어떻게 기도해야 하는지 묻는 제자들에게 예수님께서 친히 가르쳐 주신 기도로서, 마태복음 6장 9-13절과 누가복음 11장 1-4절에 기록되어 있습니다. 기도는 당시 바리새인들이나 서기관들의 보여 주기식 경건 행위가 아닌 은밀한 곳에서 하나님과 일대일로 만나는 시간이라는 측면에서 매우 중요합니다.

> 하늘에 계신 우리 아버지, 아버지의 이름을 거룩하게 하시며 아버지의 나라가 오게 하시며, 아버지의 뜻이 하늘에서와 같이 땅에서도 이루어지게 하소서. 오늘 우리에게 일용할 양식을 주시고, 우리가 우리에게 잘못한 사람을 용서하여 준 것같이 우리 죄를 용서하여 주시고, 우리를 시험에 빠지지 않게 하시고, 악에서 구

> 하소서. 나라와 권능과 영광이 영원히 아버지의 것입니다. 아멘.
> (새번역)

주기도문은 단순한 암기가 필요한 의례적 기도가 아니라, 하나님과의 관계와 우리 신앙생활의 핵심을 담고 있는 기도문입니다. 예수님은 이 기도문을 통해 형식적인 기도가 아닌, 하나님과의 진정한 교제를 가르치셨습니다.

주기도문은 크게 두 부분으로 나뉩니다.

첫째, 하나님에 관한 세 가지 간구, 즉 신자가 하나님과의 관계에서 가장 우선시해야 할 하나님의 이름과 하나님의 나라와 하나님의 뜻을 구하는 내용이 담겨 있습니다.

- 이름: 하나님을 거룩하게 예배하기 위한 기도로서, 그분의 이름이 가장 높아지고 영화롭게 되기를 바라는 간구입니다.

- 나라: 하나님의 통치가 임하기를, 즉 하나님 나라가 우리 안에 임하기를 바라는 간구입니다(마 6:33).

- 뜻: 하늘에서 이루신 하나님의 뜻이 지상에서도 이루어지기를, 즉 죄인들을 향한 아버지의 뜻은 십자가에서 죽으신 아들을 믿

고 영생을 얻는 것이기에, 이 땅에서 이루실 아버지의 뜻을 이루며 살기를 바라는 간구입니다.

둘째, 우리에 관한 세 가지 간구, 즉 신자가 이 땅에 살면서 필요한 것들과 죄 용서와 보호를 위해 구하는 내용이 담겨 있습니다.

- **일용할 양식**: 영적·육적 필요를 위한 기도를 말합니다. 즉 육신의 양식을 위한 기도와 영의 양식에 관한 말씀을 매일 적절히 공급해 주시길 바라는 간구입니다.

- **죄와 용서**: 하나님께서 우리도 우리에게 죄지은 자를 용서해 주기를 바라시듯, 하나님뿐만 아니라 이웃과의 관계까지 회복되기를 바라는 간구입니다. 이는 자격의 요구가 아니라 성령의 법인 사랑을 실천하는 삶을 위한 간구입니다.

- **시험과 악으로부터의 보호**: 영적 전쟁에서 승리하기를, 즉 사단의 악한 시험에 들지 않도록 매일 끊임없이 성령 하나님의 도우심을 바라는 간구입니다.

그리고 마지막 송영 부분인 "나라와 권능과 영광이 영원히 아버지의 것입니다"는, 이 모든 기도 응답의 주권이 하나님께 있음을 선언하며 이를 이루실 하나님께 영광을 돌리는 고백입니다.

◆

주기도문은 예수님께서 직접 가르쳐 주신 기도로서, 하나님과의 관계와 우리의 신앙생활에 필요한 모든 요소를 포함하여 간구하는 기도의 모범입니다.

되짚어 보기

1. 주기도문의 두 가지 큰 부분(하나님에 관한 간구와 우리에 관한 간구)을 각각 설명해 보세요.

2. 일용할 양식의 간구가 단순히 육신의 양식만을 구하는 것이 아닌 이유에 대해 설명해 보세요.

3. 주기도문의 마지막 송영 부분이 가지는 의미는 무엇인가요?

십계명이 뭐예요?

: 율법, 유효한가? 폐지인가?

하나님께서 이스라엘 백성에게 주신 율법은 크게 세 가지로 구분됩니다. 도덕법과 의식법과 시민법입니다.

첫째로, 도덕법은 하나님의 성품을 반영하여 인간이 마땅히 지켜야 할 기본적인 도덕 원칙을 말합니다. 이 도덕법에는 하나님 앞에서 지켜야 할 윤리적 계명 4가지와 인간 사이에서 지켜야 할 윤리적 계명 6가지가 있습니다. 둘째로, 의식법(儀式法)은 종교적 의식과 관련된 법으로서, 할례법, 제사법, 절기법, 정결법, 음식법, 성막법이 있습니다. 셋째로, 시민법(재판법)은 이스라엘 공동체 내의 사회 질서와 안녕을 위한 법규로서, 민법과 형법이 합쳐진 것입니다.

의식법과 시민법은 그리스도께서 오신 이후로 폐지되었지만, 도덕법의 요약인 십계명(출 20:1-17; 신 5:6-21)은 우리가 죄인인지를 가르쳐 주시는 양심의 법이기에 지금도 유효합니다.

하나님께서 주신 율법에는 세 가지 중요한 기능(역할)이 있습니다.

첫째, 죄를 깨닫고 억제하는 기능입니다(롬 3:20). 바울은 "율법으로 말미암지 않고는 내가 죄를 알지 못하였다"(롬 7:7)라고 말합니다. 둘째, 몽학선생(초등교사)의 기능입니다(갈 3:19-29). 율법은 우리를 그리스도께로 인도하는 교사의 역할을 합니다. 셋째, 하나님을 기쁘시게 하는 방법을 알려 주는 기능입니다(롬 3:28-31). 구원받은 성도들에게 참된 경건과 순종의 길을 제시하는 역할입니다.

* 십계명의 내용
❶ 너는 나 외에는 다른 신들을 네게 두지 말라
❷ 너를 위하여 우상을 만들지 말라
❸ 여호와의 이름을 망령되게 부르지 말라

❹ 안식일을 기억하여 거룩히 지키라

❺ 네 부모를 공경하라

❻ 살인하지 말라

❼ 간음하지 말라

❽ 도둑질하지 말라

❾ 네 이웃에 대하여 거짓 증거하지 말라

❿ 네 이웃의 소유를 탐내지 말라

예수님은 이 모든 계명을 '하나님 사랑'과 '이웃 사랑'이라는 두 가지 대 계명으로 요약하셨습니다(마 22:37-40). 1-4계명은 하나님과의 수직적 관계를, 5-10계명은 사람과의 수평적 관계를 다룹니다.

◆

십계명은 하나님 나라의 시민권을 가진 성도들이 지켜야 할 법입니다. 이 십계명을 완전하게 준수하는 것은 불가능합니다. 하지만 십계명은 우리가 우리의 죄를 깨닫고 그리스도의 은혜를 의지하게 하는 거울이 됩니다.

되짚어 보기

1. 하나님께서 주신 율법의 세 가지 종류를 설명하고, 현재 어떤 것이 유효한지 설명해 보세요.

2. 율법의 세 가지 기능은 무엇이며, 이를 통해 우리가 얻는 유익은 무엇인가요?

3. 십계명이 하나님과의 관계와 이웃과의 관계를 어떻게 다루고 있는지 설명해 보세요.

어떤 교파, 어느 교단으로 가야 하죠?
: 뭐가 이렇게 많은지, 어디로 가야 할지...

교파는 한국 기독교뿐만 아니라 세계적으로도 많습니다. 대부분의 분리는 정치적 문제 혹은 신학적 견해의 차이에서 비롯되었지요. 오늘날의 교회는 신약의 그리스도교 공동체(Apostolic church)에 뿌리를 두고 있는데요. 초기 기독교회는 많은 박해 속에서도 성장했으며, 11세기까지는 하나의 교회로 존속했었습니다. 그러다가 서방 교회(로마 가톨릭)와 동방 교회(정교회)로 분리되었고, 16세기에는 종교개혁(Reformation)을 통해 더 많은 교파가 생겨났습니다.

| 재세례파 | 개혁파 | 루터파 | 성공회 | 로마 가톨릭 |

로마 가톨릭에 가까울수록 성례와 의식이 가톨릭에 가깝다고 보면 됩니다. 교회의 개혁 운동은 이 로마 가톨릭의 신학적 오류를 바로잡고자 일어난 운동이라고 할 수 있습니다. 일일이 비교하며 설명하려면 길게 말해야 하므로, 간단히 말해 교회 개혁의 핵심 신학은 '다섯 가지 오직'으로 표현됩니다.

오직 은혜!
오직 믿음!
오직 그리스도!
오직 성경!
오직 하나님께만 영광!

이런 신학적 가치를 가지고서 시작된 개신교회는 교파별로 정치 제도를 달리합니다. 개신교회 내의 정치 제도는 크게 세 가지로 구분됩니다.

> 장로 제도: 목사와 장로로 구성된 당회가 교회를 치리(장로교)
> 감독 제도: 감독이나 주교가 교회를 치리(가톨릭, 성공회, 감리교 등)
> 회중 제도: 개교회가 자치권을 가짐(침례교 등)

한국 전체 교회의 약 60%가 장로 제도를 가지고 있는 장로교회입니다. 장로교회의 대부분은 보수적인 성향을 가지고 있습니다. 신학적으로 개혁주의 신학 혹은 칼뱅주의 신학이 강세이기 때문입니다. 이런저런 교파나 교단마다 신학적 배경과 교회 정치 제도에 차이가 있지만, 핵심이 되는 복음의 내용은 같습니다. 따라서 어느 교파, 어느 교단에 속하느냐 보다 더 중요한 것은 다음의 네 가지를 고려하며 교회를 선택하는 것이라고 생각합니다.

- 그 교회가 예배하려는 대상이 누구인가?
- 그 교회에서 복음이 바르게 가르쳐지고 있는가?
- 그 교회는 하나님과 이웃을 잘 섬기고 있는가?
- 그 교회의 재정 운영은 투명한가?

◆

어느 교파와 교단을 선택하든, 하나님과 그리스도를 바르게 예배하고, 바른 복음을 가르치며, 사랑을 실천하면서, 재정이 투명한 공동체를 선택하는 것이 가장 중요합니다.

되짚어 보기

1. 교회 개혁의 '다섯 가지 오직'의 원리를 설명해 보세요.

2. 교회의 세 가지 정치 제도의 특징을 비교해서 설명해 보세요.

3. 교회 선택 시 무엇을 고려하는 것이 좋을까요? 여러분은 이제껏 무엇을 가장 중요하게 고려했나요?

제2부
예배 용어 사전

예배

성례

주일

예배 형식

기도

하나님 음성

설교

헌금

축복기도

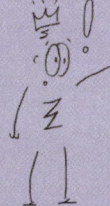

예배란 무엇인가요?
: 의미도 모른 채 눈치로, 알아서?

처음 교회에 나가면 예배를 드리는 것이 매우 낯설고 당황스러울 수 있습니다. 언제 눈을 감아야 하고, 언제 일어나야 하는지 몰라서 어색한 순간들이 많습니다. 하지만 이것은 자연스러운 것이니 부끄러워할 필요가 없습니다. '예배'의 사전적 정의는 "신을 신앙하고 숭배하면서 그 대상을 경배하는 행위 및 그 양식"입니다. 하나님은 영이시기에, 영(성령)과 진리(말씀)로 예배함을 요청하십니다. 그분은 이렇게 자기에게 예배하는 자들을 찾으십니다(요 4:24-25).

예배와 관련된 구약의 중요한 예배 용어 두 가지

- עָבַד(아바드) – 봉사하다, 섬기다
- שָׁחָה(샤하) – 굴복하다, 자신을 엎드리다

이러한 용어들은 숭배, 순종, 봉사의 개념으로서, 예배자들이 마음과 몸으로 최대한의 존경을 표현하는 것을 의미합니다(창 24:26; 출 4:31; 34:8).

예배와 관련된 신약의 중요한 예배 용어 세 가지

- προσκυνεω(프로스퀴네오) – 절하다, 굽어 엎드리다, 입 맞추다
- λατρεια(라트레이아) – 그분만을 섬기라
- λειτουργια(레이투르기아) – 백성을 위해 일하다

그리스도인들이 믿음과 순종으로 하나님께 바치는 봉사의 의미를 나타내는 말로서, 제사장의 직무(눅 1:23), 그리스도의 직분(히 8:6), 교회의 예배(행 13:2) 등을 표시하는 구체적인 단어가 되었습니다.

그리고 영어 'Worship'은 고대 영어 'Weorthscipe'에서 유래했는데, 이는 '가치(Worth)'와 '신분(Ship)'의 합성어로 '존경

과 존귀를 받을 가치가 있는 자임을 인정하다'라는 의미입니다.

예배의 본질적 특징은 다음과 같습니다.

- 예배는 하나님 백성의 응답 행위이며,
- 예배는 성령과 진리로 하는 것이며,
- 예배에는 겸손과 경외의 마음(자세)이 필요합니다.

◆

예배란 그리스도 안에서 구속된 하나님의 백성들이 진리의 말씀과 성령 안에서 가장 겸손한 마음으로 하나님께 드리는 응답 행위입니다(시 29:2; 계 5:12).

되짚어 보기

1. 구약과 신약에 나타난 주요 예배 용어들의 의미를 비교해 보세요.

2. 영어 단어 'Worship'의 어원과 의미를 설명하고, 이것이 예배의 본질과 어떤 관계가 있는지 설명해 보세요.

3. 하나님께서 찾으시는 참된 예배의 모습은 무엇인가요? (요 4:24-25를 참고)

왜 예배해야 하나요?
: 예배, 필요인가? 필수인가?

기독교의 전통적 가르침에 따르면, 사람의 존재 목적이나 예배의 목적은 하나님께 영광을 돌리는 것입니다. '영광'이라는 용어는 하나님께 도저히 가까이 범접할 수 없는 거룩함이나 눈을 뜨고 볼 수 없을 정도의 찬란한 광채를 의미하며, 이는 오직 하나님과 그분의 역사에만 적용됩니다. '주의 이름'과 '주의 영광'은 동의어(시 8:1)이며, "하나님께 영광을 돌린다"라는 말은 '하나님이 하신 일을 찬양하고 감사한다'라는 의미입니다.

그러면 우리는 왜 예배해야 할까요? 성경에서 예배는 하나님께 드리는 경배와 섬김의 행위를 의미합니다. 히브리어 '샤하(שָׁחָה)', 헬라어 '프로스쿠네오(προσκυνέω)'는 모두 '엎드려 절하다', '경배하다'라는 뜻을 가지고 있습니다. 이는 하나님 앞에서 우리의 전적인 복종과 경외를 나타내는 행위입니다.

우리가 예배를 드려야 하는 가장 중요한 이유는 이것이 창조주 하나님의 명령이기 때문입니다(출 20:3). 또한 하나님은 예배받으시기에 합당한 분이시기 때문입니다(계 5:11-12). 그리고 요한복음 4장 23-24절에서 예수님은 "아버지께 참되게 예배하는 자들은 영과 진리로 예배할 때가 오나니 곧 이때라. 아버지께서는 자기에게 이렇게 예배하는 자들을 찾으시느니라"라고 말씀하셨습니다. 그렇기 때문에 예배는 하나님과 소통하며 헌신하는 가장 중요한 통로가 됩니다. 예배는 예수 그리스도의 삶과 죽으심, 부활과 승천을 기념하고, 그분의 재림을 소망하는 시간입니다.

예배의 핵심은 '말씀의 선포'와 '성례의 집행'에 있습니다. 이는 하나님의 은혜를 받는 유일한 방편이며, 성령님의 역사를 통해 하나님과 만나는 거룩한 시간입니다. 또한 예배는 하나님과 우리의 관계를 회복하고 강화하는 시간입니다. 때문에 히브리서 10장 25절은 "모이기를 폐하는 어떤 사람들의 습관과 같이 하지 말고 오직 권하여 그날이 가까움을 볼수록 더욱 그리하자"라고 권면합니다.

따라서 예배는 단순한 필요 조건이 아니라 필수 조건이며, 우리의 모든 삶이 그리스도 중심이 되어 아침부터 저녁까지 예배자의 삶을 살아야 합니다. 그래서 예배는 단순한 의식이나 형식이 아닌, 삶의 전체적인 방향성을 나타냅니다. 로마서 12장 1절은 "너희 몸을 하나님이 기뻐하시는 거룩한 산 제물로 드리라 이는 너희의 드릴 영적 예배니라"라고 말합니다. 이는 우리의 일상생활 전체가 하나님께 드리는 예배가 되어야 함을 의미합니다.

예배는 선택 사항이 아닌 그리스도인의 필수적인 믿음의 실천입니다. 이는 하나님의 명령이며, 우리의 영적 성장과 신앙생활의 핵심적인 요소입니다. 예배를 통해 우리는 하나님을 더 깊이 알아 가고, 그분의 뜻을 깨달으며, 믿음의 공동체 안에서 서로를 격려하고 성장할 수 있습니다.

예배는 하나님께서 명령하신 것이며, 하나님과의 관계를 강화하는 주요 방편입니다. 또한 예수 그리스도의 구원 사역을 기념하고 그 능력에 참여하는 거룩한 시간입니다.

되짚어 보기

1. '영광'의 의미, 그리고 이것이 예배와 어떤 관계가 있는지 설명해 보세요.

2. 예배가 필수 조건인 세 가지 이유는 무엇인가요?

3. 예배의 핵심 요소는 무엇인가요.

Q.15

성례란 무엇인가요?
: 이런 의식이 꼭 필요한가?

성례는 하나님께서 자신의 말씀을 공급하기 위해 제정하신 은혜의 방편입니다. 가톨릭에서는 세례, 견진, 성체, 고백, 혼인, 신품, 병자성사 등 일곱 가지 성례를 인정하지만, 개신교회에서는 세례와 성찬 두 가지만을 성례로 받아들입니다. 성례는 구원의 필수 조건은 아니지만, 신앙생활에서 중요한 역할을 합니다.

첫째, 성례는 '세례'와 '성찬'을 말합니다. 다양한 각도에서 조명하는 성경의 가르침에 따라 신자에게는 성례에 참여하는 것이 필요합니다. 우선, 세례는 신자가 그리스도의 제자가 되는 길에 들어섰음을 의미하며, 성경에서 다양한 의미로 지칭됩니다. 예를 들어, 세례는 구원의 선물(막 16:16), 성령을 받는 일(눅 3:16; 행 8:16), 새롭게 태어남(요 3:3), 죄의 용서(행 2:38), 그리스도와 함께 죽고 부활함(롬 6:4), 교회의 지체가 됨(고전 12:13), 그리스도를 옷 입는 일(갈 3:27) 등과 관련이 있습니다. 예수님께서 성부와 성자와 성령의 이름으로 베풀라고 명령하신 신약의 성례로서, 믿음을 가진 모든 사람이 받을 수 있습니다.

그리고 성찬은 예수 그리스도의 죽음을 기념하고 신자들에게 영적 양식을 공급하는 예식입니다. 성경에서는 성찬을 언약 갱신(출 24:8), 감사의 잔치, 죄의 용서, 하늘 잔치에 대한 소망(마 26:26-29), 속죄(막 14:12), 영적 양식의 공급(요 6:35), 복음의 선포(고전 11:26) 등과 연관하여 설명합니다. 성찬은 떡과 포도주를 나누며 그리스도의 희생을 기념하고, 하나님의 은혜를 더욱 깊이 경험하는 시간입니다.

둘째, 성례를 행할 때 우리가 초점을 맞춰야 할 것은 사람이 아니라 하나님께 있습니다. 성례는 단순한 인간의 행위가 아니라, 하나님께서 그의 은혜 가운데 행하시는 일입니다. 따라서 개신교회는 성례를 통해 하나님께서 약속하시고, 선포하시며, 먹이시고, 보존하시고, 위로하시고, 도전하시고, 가르치시고, 확신시키시는 방식을 강조합니다. 성례는 우리의 감정이나 행위보다 하나님의 행위가 중심이 되어야 하며, 우리는 이를 기억하면서 성례에 참여하는 것이 중요합니다.

◆

성례는 하나님께서 성령의 능력으로 우리 가운데 임재하시고, 믿음을 강화하시고, 우리를 하나님께로 더 가까이 이끄시는 영적 예식입니다. 그러므로 하나님의 행위가 우리의 감정이나 행위보다 더 강조되어야 합니다. 우리가 이 예식의 모든 의미를 다 외울 필요는 없겠지만, 적어도 이런 의미가 있다는 것을 상기하며 참여할 때는 분명 다른 차원의 은혜가 있을 거라고 생각합니다.

되짚어 보기

1. 개신교회에서 인정하는 두 가지 성례는 무엇인가요?

2. 세례가 신앙생활에서 가지는 의미를 두 가지 이상 설명해 보세요.

3. 성찬이 신자들에게 주는 영적 의미는 무엇인가요?

예배는 왜 일요일에 하나요?
: 일요일만이라도 쉬고 싶은데…

왜 일요일에 예배를 드려야 할까요? 일요일은 본래 안식하는 날 아닌가요? 일요일만이라도 푹 쉬고 싶은데, 안 될까요?

안식일은 하나님께서 천지 창조의 마지막 날로 제정하신 날입니다(창 2:1-3). 이날의 안식은 하나님이 함께하시는 안식이며, 하나님의 말씀대로 모든 것을 완전하고 완벽하게 이루신 안식입니다. 그리고 하나님과 교제가 이루어지는 안식을 말합니다. 이것을 히브리어로 '샬롬(שָׁלוֹם)'이라고 합니다. 그러다가 출애굽 이후에는 하나님의 구원을 기념하는 날로 의미가 확장되었습니다(출 20:11; 신 5:12-15). 이집

트에서 노예 상태로 안식이 없던 이스라엘 백성들에게 안식을 주신 것입니다. 곧 '언약의 표징'으로서(출 31:7, 13, 16; 사 56:4, 6) 안식일의 의미가 확장된 것입니다. 그렇게 유대인들은 금요일 저녁 6시부터 토요일 저녁 6시까지를 안식일로 지켰고, 초대 교회도 한 주간의 마지막 날인 이날을 안식일로 지켰습니다.

그러다가 구약에서 예표적 의미의 안식이 예수 그리스도에게서 완성되고 연계되어 예수님 자신이 참된 안식임을 보여 주셨습니다(마 12:8; 막 2:28; 눅 6:5). 구약의 안식일이 메시아적 안식일로 완성되어 오늘날 '주일(主日)', '한 주간의 첫날', '주께 속한 날', '주의 날'(계 1:10)로 불리게 된 것입니다. 쉽게 설명하면, 주 예수 그리스도께서 부활하셔서 '구속의 새로운 창조의 날' 또는 '첫날'이 된 것이고, 그런 이유로 기독교에서는 안식 후 첫날(마 28:1; 막 16:1-2)에 주님이 부활하셨으므로(막 16:9; 요 20:19) 이날을 "주님의 날"(계 1:10)로 정하고 예배하는 것입니다(행 2:1; 20:7; 고전 16:1-2). 따라서 주일은 안식일이 아니라 안식의 의미가 확장된 날이고, 주님의 재림 이후 완전하고 완벽한 안식으로 완성될 것입니다. 따라서 문자적으로 안식일을 준수하는 것은 복음을 헛되게 하고 율법 아래 매이는 것과 같습니다(갈 4:8-11).

주일은 크게 공동체적인 주일과 개인적인 주일이 있습니다. 공동체적 주일인 일요일에 드리는 예배는 성도들이 함께 모여 하나님을 예배하는 시간입니다. 신자는 예배를 준비하며, 하나님께 집중해야 합니다. 예배는 단순한 의무가 아니라 하나님과의 교제를 위한 중요한 시간이므로, 기도와 말씀 묵상, 자비의 행위를 통해 거룩하게 보내야 합니다. 그리고 나서 개인적 주일인 평일에 공동체적 주일에 받은 말씀을 삶에서 실천해야 합니다. 그리함으로써 신자는 일상의 모든 순간을 하나님께 드리며, 삶의 현장에서 그리스도를 증거하는 삶을 삽니다(롬 12:1-2).

◆

공동체적 주일(일요일)은 거룩한 공회인 교회가 함께 예배하는 날입니다. 예수님께서 부활하신 안식 후 첫날(일요일)을 공동체의 주일로 지킵니다. 그리고 평일은 개인적 삶으로서의 주일(롬 12:1-2)이라고 말합니다. 왜냐하면 우리의 일상(Κρόνος, 크로노스)은 하나님의 때(Καιρός, 카이로스)를 위해 존재하기 때문입니다.

되짚어 보기

1. 구약의 안식일과 신약의 주일, 이 둘의 차이점은 무엇인가요?

2. 공동체적 주일과 개인적 주일의 차이점은 무엇인가요?

3. 주일을 거룩하게 보내기 위해 할 수 있는 실천은 무엇인가요?

Q.17

왜 일어났다 앉았다 하나요?

: '†', '※' 표시에 일어나야 하는 이유는?

어떤 주보에는 예배 순서 중앙이나 아래쪽에 "†, ※ 표는 일어섭니다"라고 표기되어 있습니다. 담임 목회자의 신학적 특성 혹은 교단마다 다르긴 하지만, 예배하다 보면 일어섰다 앉기를 반복하는데, 도대체 왜 그러는 것인지 교회에 처음 오신 분들은 모르는 게 당연합니다. 또 "꼭 일어나야 하나요?"라는 의문이 들 수도 있을 것입니다. 여러분의 공동체가 결정한 예배 순서에 일어서는 부분이 있다는 전제로 결론부터 말씀드리면, 장애가 있으시거나 투병 중이라서 일어설 수 없는 경우를 제외하고서, 예! 당연히 일어서야 합니다. 왜냐하면 일어서는 행위는 하나님께 대하여 겸손과 경외하는 마음의 가장 큰 표현이기 때문입니다.

구약에서 하나님은 "너희는 가만히 서서 여호와께서 오늘날 너희를 위하여 행하시는 구원을 보라"(출 14:13)라고 말씀하셨고, 에스라가 율법을 낭독할 때 온 회중이 일어서는 것을 볼 수 있습니다(느 8:5). 복음서에서는 기도하는 자세로 나타납니다(마 6:5; 막 11:25; 눅 18:11). 따라서 예배 시간에 일어서는 행위는 하나님이 우리의 왕이심에 대한 우리의 겸손과 경외함의 표현입니다.

예배에는 이 외에도 경배와 기원과 애달픈 심정의 간구(시 25편; 엡 3:14)를 나타내는 무릎 꿇는 자세와 묵상과 경청의 자세인 앉아 있는 자세도 있습니다. 또 두 손을 드는 것(시 88:9; 애 2:19)은 주로 개인의 참회 기도 때와 목회자가 축도 할 때에 합니다. 예배 때에는 주로 묵상과 경청의 자세인 앉아 있는 자세를 취하기도 합니다.

◆

우리가 '†', '※' 표시에 일어서는 이유는 그 순서의 의미상 하나님을 향한 겸손과 경외를 표하기 위함입니다. 그러나 하나님은 우리의 어떤 행위보다 우리의 중심, 곧 마음을 보십니다..

되짚어 보기

1. 예배 시 일어서는 것의 의미는 무엇입니까?

2. 성경에서 일어서서 예배한 예는 어디에 나옵니까?

3. 예배 시간의 다양한 자세 중 묵상과 경청의 자세는 무엇입니까?

Q.18

기도란 무엇인가요?
: 언제 눈 감고 눈 뜨나요?

처음 교회에 나오면, 기도 시간만큼 당황스러운 시간도 없을 것입니다. 무엇을 기도해야 하는 건지, 어떻게 해야 하는 건지 모르기 때문입니다. 제가 개인적으로 사랑하고 존경하는 동역자 이영인 목사가 가사를 쓰고 양승찬 선교사가 곡을 붙인 〈기도는〉이라는 찬양곡은 성도들과 목회자들에게 개인적이고 목회적이며 신학적인 기도의 의미를 이해할 수 있게 도와주고 알려 주는 좋은 곡이라고 할 수 있습니다.

누구나 교회에 처음 나오면 기도를 어떻게 하는지, 언제 눈을 감고 떠야 하는지 알려 주지 않아 난감할 때가 있습니다. 당황하지 마시고 기도 인도자가 기도를 시작할 때 "다 같이 기도하시겠습니다"라고 하든지, 기도의 대상이신 하나님을 부르면 그때 손을 모으고 눈을 감으시면 됩니다. 물론 꼭 눈을 감으라든지 손을 모아 합장을 할 필요는 없습니다. 다만 기도자의 기도 내용을 경청하고 동의하는 겸허한 마음으로 동참하십시오. 그러다가 "예수님의 이름으로 기도합니다. 아멘"이라고 할 때 눈을 뜨시거나, 찬양대의 연주나 반주자의 반주가 끝나면 눈을 뜨시면 됩니다. 조금 늦거나 일찍 눈을 뜬다고 해서 잘못된 것은 아닙니다. 또 기도를 어떻게 하는 것인지 모르는 것도 당연합니다. 기도를 배워 본 적이 없어서 더더욱 어려울 수 있지만, 아래 내용을 기반으로 기도하는 연습을 해 보면 도움이 될 것 같습니다.

기도의 시작은 기도를 들으시는 대상이신 하나님 아버지에 대한 호칭이어야 합니다. "전능하신 하나님 아버지" 또는 "사랑하는 하나님 아버지" 등과 같이 하나님을 부르는 것으로 시작합니다. 기도를 시작할 때 동일한 마음으로 동참하면 되는데, 보통 눈을 감고 손을 모아 간절함을 표현합니다. 자세보다 중요한 것은 마음입니다. 기도자는 온 마음으로 모든 감사와 간구 및 도고를 해야 합니다.

기도의 내용은 하나님의 주권과 섭리에 순종하고자 하는 마음, 죄의 용서를 구하는 참회의 마음, 그리고 받은 은혜에 감사하는 마음을 담아야 합니다. 그리고 하나님의 영광을 높이 송축하며 받은 바 은총에 감사와 성령님의 인도하심을 따라 주의 뜻을 따르겠다는 고백적인 내용이어야 합니다.

기도의 끝맺는 말은 서양에서는 그냥 "아멘" 하고 끝을 맺지만, 한국 개신교회는 "예수님의 이름으로 기도합니다. 아멘"하고 끝을 맺습니다. 보통 "아멘"이라고 할 때에 눈을 뜨시면 됩니다. 이때, "기도했습니다"가 아닌 "기도합니다"라고 현재형으로 표현하는 것이 좋습니다. 왜냐하면 기도의 핵심 간구는 소원이며 미래 지향적이기 때문입니다.

어렵더라도 자신의 기도 내용을 위의 순서대로 적어 보는 연습을 해 보길 추천합니다. 아마도 여러분의 기도 내용이 보다 성숙해질 것입니다.

◆

기도는 우리를 깨워 하나님께 집중하기 위해, 하나님의 말씀을 묵상하기 위해, 우리의 염려를 하나님께 맡기기 위해 하는 것입니다.

되짚어 보기

1. 기도란 무엇이며, 기도할 때 가장 중요한 것은 무엇입니까?

2. 기도의 시작과 마무리는 어떻게 해야 합니까?

3. 기도의 내용에는 어떤 요소들이 포함되어야 합니까?

하나님의 음성이 정말 들리나요?
: 들었다고? 봤다고?

건강한 기도 훈련 책으로 E. M. 바운즈(Bounds)의 기도 시리즈를 꼭 읽어 보길 권합니다. 소위 기도하는 사람들 가운데 우리는 간혹 '하나님의 뜻을 분별할 수 있다'라든지, 아니면 '그 음성을 들었다'라고 표현하는 사람들을 만날 수 있습니다. 하나님의 음성을 듣는다는 것에 대해 많은 사람들이 궁금해합니다. 어떤 이들은 직접 음성을 들었다거나 환상을 보았다고 말하기도 합니다. 하지만 이러한 표현들은 사실 성경적이지 않으며, 하나님의 뜻을 올바르게 이해하는 방법이라고 보기 어렵습니다.

기도와 관련해서는 "주기도문이 뭐예요?"(1부 Q.10)와

"기도란 무엇인가요?"(2부 Q.18)를 참고해 주십시오. 여기에서는 하나님의 음성, 즉 하나님의 뜻과 관련해 이야기해 보려고 합니다. 성경에서 하나님의 뜻은 주권적, 계시적, 기질적, 총 세 가지 측면에서 설명할 수 있습니다.

첫째, 하나님의 주권적 뜻은 그분의 변하지 않는 말씀 안에 계시됩니다. 천지 창조 시 하나님의 말씀대로 이루어진 것이 그 예입니다(창 1장). 또는 욥기에서 하나님께서 사탄의 행위를 허락하신 것처럼(욥 1:12), 허용하시는 방식으로도 나타납니다.

둘째, 하나님의 계시적 뜻은 우리의 거룩한 삶과 연관됩니다. "내가 거룩하니 너희도 거룩하라"(레 11:45)라는 말씀처럼, 하나님은 우리가 정의를 행하고 인자를 사랑하며 겸손하게 하나님과 동행하기를 원하십니다(미가 6:8).

셋째, 하나님의 기질적 뜻은 하나님을 기쁘시게 하거나 그렇지 않게 하는 것을 의미합니다. 예를 들어 "모든 사람이 구원을 받으며 진리를 아는 데에 이르기를 원하시는"(딤전 2:4) 것이 하나님의 기질적 뜻입니다. 즉, 구원받은 백성은 잃어버린 자를 찾는 일에 동참하는 것이 하나님의 뜻입니다.

우리의 기도에 대한 하나님의 응답은 즉시 응답, 기다림, 거절, 침묵 등으로 옵니다. 어떤 응답이든 응답받은 것이니 거절되었다고 생각하지 마십시오. 혹은 오래 기다리거나, 침묵하시는 것 같다고 해서 하나님께서 응답하지 않으신 것은 아니니 실망하지 마십시오. 오히려 내가 하는 기도가 성경적인지, 또는 기독교 신앙에 부합하는지를 돌아보며 고민해 보시기 바랍니다.

◆

가장 중요한 것은 영적 체험이나 은사가 아니라, 성경 말씀을 통해 하나님의 뜻을 분별하고 그것에 순종하며 사는 것입니다. 받은 감동이나 체험을 항상 말씀으로 확인하고, 그 말씀대로 살아가는 것이 신앙생활의 참된 본질입니다.

되짚어 보기

1. 하나님의 뜻이 나타나는 세 가지 측면은 무엇입니까?

2. 하나님의 계시적 뜻이 의미하는 바는 무엇입니까?

3. 올바른 신앙생활의 중심이 되어야 하는 것은 무엇입니까?

설교를 꼭 해야 하나요?
: 길고 지루하던데, 왜?

건강한 교회 공동체 내에서 설교는 대부분 목회자의 권한처럼 여겨지고 있습니다. 사견이긴 하지만 저는 모든 성도가 설교할 수 있었으면 좋겠습니다. 그런데 왜 예배 시 설교자가 필요할까요? 이는 신앙을 시작하는 단계나 어린 단계의 성도들에게 필요한 것이라고 생각합니다. 저는 모든 성도가 공동체의 예배 시간이나 개인적으로 말씀을 읽고 묵상할 때, 깨닫고 준행하는 수준으로 성장하여 말씀을 듣는 데서 전하는 데까지 성장하길 간절히 바랍니다. 이것이 설교에 대한 저의 '개인적인 견해'입니다.

설교의 본질은 하나님의 말씀을 풀어 가르치는 것입니

다. 앞서 Q.14에서 이야기한 것처럼, 하나님을 예배함으로써 하나님과 소통하며 하나님의 은혜를 받기 위해서는 당연히 하나님의 말씀을 더 잘 알아야 합니다. 그리고 "믿음은 들음에서 나며 들음은 그리스도의 말씀으로 말미암았"다고 했습니다(롬 10:17). 우리에게 믿음이 더하고 성장하기 위해서는 그리스도의 말씀을 들어야 한다는 것입니다. 그래서 이 성경에 대해 보다 전문적으로 연구하고 해석할 줄 아는 설교자의 설교를 들음으로써 하나님의 뜻을 깨달아야 하는 것입니다. 그래서 설교는 꼭 필요합니다.

설교자와 듣는 사람은 모두 하나님의 말씀 앞에 있다는 것을 항상 기억해야 합니다. 그리고 성도들은 궁극적으로 말씀을 듣는 단계에서 가르치는 단계까지 성장하는 것이 바람직합니다. 설교의 핵심 목적은 성경의 목적과 일치해야 합니다. 요한복음 20장 30-31절은 "예수께서 하나님의 아들 그리스도이심을 믿게 하고, 또 그 이름을 믿어 생명을 얻게 하려 함"이라고 말합니다. 요한복음 5장 39절에서 예수님은 "너희가 성경에서 영생을 얻는 줄 생각하고 성경을 연구하거니와 이 성경이 곧 내게 대하여 증언하는 것이니라"라고 말씀하셨습니다. 따라서 설교는 단순한 성경 해설이 아니라, 예수 그리스도를 통해 하나님의 존재와 하나님 나라의 뜻을 전달하는 수단이 되어야 합니다.

설교를 들을 때는 단순히 감동을 받고 새로운 지식을 알게 된 것보다, 그 말씀을 통해 하나님과 더 가까워지고 삶이 변화되는 것이 더 중요합니다. 이것이 진정한 설교의 열매입니다.

◆

설교는 성경을 풀어서 가르치는 것을 말합니다. 그러므로 설교의 목적은 성경이어야 합니다. 설교는 예수 그리스도를 중심으로 하나님의 존재와 하나님의 나라와 그 뜻을 전달하기 위해 하는 매우 중요한 행위라고 할 수 있습니다.

되짚어 보기

1. 설교의 본질적 목적은 무엇입니까?

2. 요한복음 20장 30-31절에서 말하는 성경의 기록 목적은 무엇입니까?

3. 설교를 통해 우리가 얻어야 할 가장 중요한 결과는 무엇입니까?

Q.21

헌금을 왜 드리죠?
: 먹고 살기도 힘든데, 왜?

헌금은 하나님께 드리는 감사의 표현입니다. 결코 억지로 드려서는 안 됩니다. 성도들의 정성과 수고가 담긴 헌금을 매우 신중하게 다루어야 합니다.

하나님께 드리는 감사의 표현은 크게 두 가지로 나눌 수 있습니다.

첫째는 몸으로 드리는 감사입니다. 로마서 12장 1-2절에서 말씀하듯이, 우리의 삶과 시간, 재능을 드리는 것입니다. 이는 봉사와 섬김의 형태로 드릴 수 있지만, 이것이 자기 의나 자랑이 되어서는 안 됩니다. 중압감이나 의무감으로 하는 봉사는 지양해야 합니다.

둘째는 물질로 드리는 감사입니다. 이는 우리가 얻은 소득의 일부를 하나님께 드리는 것을 의미합니다. 고린도후서 9장의 가르침처럼, 헌금은 자발적이어야 하고(5절), 즐거운 마음으로(7절), 인색하지 않게(7절) 드려야 합니다. 형편이 어려운 중에도 정성껏 헌금하는 사람들이 있지만, 의무감으로 마지못해 하는 사람들도 있습니다.

헌금으로 드린 물질은 교회의 공적 회의를 통해 투명하게 관리되어야 하며, 교회 공동체 유지와 전도, 선교, 구제 등 선한 일에 사용되어야 합니다. 만약 내가 소속된 교회의 재정이 투명하게 운영되지 않거나 소수에 의해 좌지우지된다면, 다른 교회 공동체를 찾아보길 권합니다.

◆

우리의 헌금이 하나님께 드리는 진정한 감사의 표현이 되기를 바랍니다. 물질적으로 부담되어 마음에 거리낌이 된다면, 결코 강요받지 마시고 자유롭게 결정하기를 바랍니다. 그러나 이는 공동체의 건강한 성장과 유지를 위해서, 또 공동체를 사랑하는 마음으로 물질이 부족한 가운데서라도 할 수 있는 것이라고 생각합니다.

되짚어 보기

1. 하나님께 드리는 감사의 표현에는 어떤 두 가지가 있습니까?

2. 고린도후서 9장에서 말하는 헌금의 세 가지 원칙은 무엇입니까?

3. 교회는 헌금을 어떻게 관리하고 사용해야 합니까?

Q.22

축복기도는 누가 할 수 있나요?
: 나도 축복하고 싶은데…

한국 기독교 내에서는 (교파와 교단 그리고 교회마다 다른 표현을 하긴 하지만) '강복선언' 혹은 '축복(祝福)기도'를 일반적으로 '축도(祝禱)'라는 말로 사용합니다. 말 그대로, 복을 빌어주는 것이지요. 부모 세대가 자녀 세대에게, 목회자가 성도에게, 누가 누구에게든 믿는 자는 서로가 서로에게 복을 빌 수 있다고 생각합니다. 교회 공동체 내에서는 대체로 목회자가 축복을 하고 있습니다.

축복(祝福)이라는 말은 한자로 '빌 축(祝)' 자에 '복 복(福)' 자입니다. 자세히 보시면 '빌 축(祝)' 자는 '보일 시(示)' 자를 사용하는데, 이는 상 위에 음식을 차려 놓고 하늘에 제사를 지내는 모습에서 만들어졌다고 합니다. 이를 우리에게 맞게 바꿔 설명하면, "하나님을 예배한다"라는 뜻으로 볼 수 있습니다. 그 오른쪽에 '형 형' 혹은 '두려워할 항(兄)'을 붙여서 사용하는 것을 볼 수 있습니다. 이를 기독교적으로 해석하면 하나님을 예배하는 형제들, 혹은 하나님을 두려워함으로 섬기는 사람들이라는 뜻이 될 수 있습니다.

'복 복(福)' 자 역시 '보일 시(示)' 자를 사용하고, 그 옆에 '한 일(一)', '입 구(口)', '밭 전(田)' 자를 사용하는 것을 볼 수 있습니다. 그래서 '하늘의 하나님을 예배하는 자들(示)은 하늘의 하나님께서(一) 말씀하신(口) 터전(田)에 살아가는 것이 복(福)이다'라고 해석할 수 있습니다. 예를 들어 아담과 하와가 살아갔던 터전인 에덴동산, 아브람을 부르신 하나님께서 지시하신 곳, 모세를 불러 이스라엘 백성을 인도하라고 하신 곳, 하나님의 눈이 영원히 떠나지 않을 곳, 요나가 가기를 거부했던 곳 등, 이 모든 곳이 하나님께서 말씀하신 터전인 것입니다. 달리 말하면 지금 내가 서 있고, 속해 있고, 함께 거하는 곳이 바로 '복'이라는 것입니다. 거기에서 어떤 사람으로 살아가는가 하는 것이 문제입니다.

그렇다면, 성경이 말하는 '복(福)'이란 무엇입니까? 복은 우리가 생각하는 물질적 풍요가 아닙니다. 시편 133편 3절에서는 "여호와께서 거기서 복을 명하셨나니 곧 영생"이라고 분명히 말했습니다. 여기에서 영생은 단순히 영원한 생명으로만 말하는 것이 아닙니다. 요한복음 17장 3절을 보면, "영생은 곧 유일하신 참하나님과 그의 보내신 자 예수 그리스도를 아는 것"이라고 명시하고 있습니다. 여기에서 '알다'라는 말은 중국어로 표현하면 '지식적으로 알다(知道)'가 아니라 '관계적으로 알다(认识)'라는 뜻입니다. 그러니 예수님과 관련 없는 사람은 복(福)을 누릴 수 없습니다. 참 복이신 예수님을 모르면 영원한 생명을 얻을 수 없는 것입니다.

축도 문구는 교회마다 다양합니다. 고린도후서 13장 13절이나 민수기의 제사장 축복문(민 6:24-26)을 사용하기도 하고, 다른 서신서의 마지막 구절을 활용하기도 합니다. 중요한 것은 어떤 말씀을 사용하든 하나님의 강복을 기대하는 진심 어린 마음으로 하는 것입니다.

◆

그러므로 축복기도 또는 축도란, 예수 그리스도를 믿는 사람이라면 누구나 서로가 서로에게 하나님의 강복(降福: 복을 내려 주다)이 있기를 바라며 하는 기도라 할 수 있습니다. 그 내용은 인용하는 성경 구절에 따라 달라질 수 있습니다.

되짚어 보기

1. 축복(祝福)이라는 단어의 의미는 무엇입니까?

2. 성경이 말하는 진정한 복은 무엇입니까?

3. 축도는 어떤 마음가짐으로 해야 합니까?

제3부
교리
용어 사전

기독교세계관
하나님의형상
죄
죄의 결과
복음
구원
재림
천년왕국
최후심판
하나님나라

기독교 세계관이란 무엇인가요?
: 기독교는 세상을 어떻게 바라볼까요?

세계관(Weltanschauung, worldview)은 세계와 인생을 보는 안목(眼目)을 말합니다. 기독교 세계관은 세계와 인생을 보는 관점으로, 창조-타락-구속-완성의 틀을 통해 모든 것을 이해합니다. 이 관점은 시대와 역사, 그리고 인생의 의미를 신앙의 눈으로 깊이 있게 조망할 수 있도록 해 줍니다.

첫째, 기독교 세계관은 하나님의 '선한 창조'를 믿습니다. 하나님은 말씀으로 온 세상을 선하게 창조하셨고, 그 피조 세계를 경륜과 섭리로 다스리십니다. 이러한 하나님의 통치는 시간과 공간을 초월하며, 모든 피조물에 샬롬(평화와 안식)을 주었습니다. 그리스도인들은 이 창조 세계의 청지기로서 책임 있게 관리하도록 부름을 받았습니다.

둘째, 기독교 세계관은 인간의 '타락'을 인정합니다. 아담과 하와의 불순종으로 죽음이 세상에 들어왔고, 모든 인류가 이 저주 아래 놓이게 되었습니다. 이 타락은 하나님의 창조 질서를 훼손시켜 모든 관계에서 샬롬이 깨어지게 되었습니다. 이러한 저주에서 벗어나는 길은 오직 하나님의 은혜뿐입니다.

셋째, 기독교 세계관은 하나님의 '구원'을 믿습니다. '구속'이라고도 하는 이 구원은 예수 그리스도의 대속적 죽음을 통해 이루어집니다. 인간 스스로는 깨어진 관계를 회복할 수 없기에, 하나님께서 그리스도를 통해 화해의 길을 열어 주셨습니다.

마지막으로, 기독교 세계관은 '구원의 완성'을 소망합니다. 그리스도를 통해 시작된 하나님의 재창조 사역은 모든 피조물에 미치며, 궁극적으로 새 하늘과 새 땅으로 완성될 것입니다. 이러한 소망 가운데 그리스도인들은 하나님 나라의 도래를 기다리며 살아갑니다.

◆

기독교 세계관은 창조-타락-구속-완성으로 세계와 인생을 바라보는 안목입니다.

되짚어 보기

1. 기독교 세계관의 네 가지 핵심 요소는 무엇입니까?

2. 하나님의 창조는 피조 세계에 어떤 영향을 주었습니까?

3. 구원의 완성은 무엇을 의미합니까?

Q.24

하나님의 형상이란 무엇인가요?
: 사람, 대체 누구를 닮았길래...

인간의 기원과 관련해서 가장 중요한 주제라고 한다면, 하나는 진화론이고 다른 하나는 창조론입니다. 여기에서는 창조론에서 말하는 기원을 다루고자 합니다. 예를 들어, '자녀를 보면 그 부모를 유추해 볼 수 있는 것과 마찬가지다'라고 생각하시면 쉽게 이해할 수 있을 것입니다. 보통 자녀를 보면 부모와 닮기 마련입니다. 그런 의미에서 비그리스도인들이 모든 그리스도인을 바라볼 때마다 하나님이 보였으면 좋겠습니다.

성경에 나타난 하나님의 형상(The Image of God, *Imago Dei*)에 대한 이해는 기독교 신앙의 핵심적인 부분입니다. 성경은 하나님께서 인간을 그분의 형상과 모양을 따라 창조하셨다고 말합니다(창 1:26-28). 이에 대한 전통적 해석은 크게 세 가지 관점으로 나누어집니다.

첫째, 실체론적 관점입니다. 이는 인간이 가진 특정한 속성들이 하나님의 형상이라고 보는 견해입니다. 영혼, 이성, 자유의지와 같은 요소들, 또는 사랑, 의, 지식과 같은 속성들이 하나님의 형상을 반영한다고 봅니다. 아우구스티누스(어거스틴), 루터, 칼뱅과 같은 고전적 신학자들이 이 관점을 지지했으며, 이러한 특성들이 인간을 다른 피조물과 구별 짓는 표지라고 보았습니다.

둘째, 관계론적 관점입니다. 칼 바르트(Karl Barth)와 에밀 브루너(Emil Brunner)와 같은 신정통주의 신학자들이 주장한 이 견해는, 인간이 다른 존재들과 관계를 맺을 수 있는 능력 자체가 하나님의 형상이라고 봅니다. 인격적 관계를 맺을 수 있는 능력은 다른 피조물과 구별되는 인간만의 특성이라는 것입니다.

셋째, 기능론적 관점입니다. 이 견해는 하나님께서 인

간에게 부여하신 피조물 관리와 통치 기능이 하나님의 형상의 본질이라고 봅니다. 그러나 이는 피조물을 착취하는 권한이 아니라, 청지기로서 돌보고 보존하는 책임을 의미합니다.

◆

이러한 세 가지 관점은 상호 배타적이기보다는 보완적인 관계를 형성하고 있습니다. 인간이 하나님의 형상대로 창조되었다는 것은 우리가 하나님의 속성을 반영하고, 관계적 존재이며, 동시에 피조 세계의 청지기라는 복합적 의미를 내포합니다.

되짚어 보기

1. 하나님의 형상에 대한 세 가지 주요 해석은 무엇입니까?

2. 관계론적 관점에서 말하는 하나님의 형상이란 무엇입니까?

3. 기능론적 관점에서 말하는 인간의 청지기적 책임은 무엇을 의미합니까?

죄란 무엇인가요?
: 착하게 살았는데, 죄인이라고요?

예전에, 인도의 타밀어와 우리말의 유사성에 관한 영상을 시청한 적이 있습니다. 타밀어로 '죄'가 '더러버'라고 합니다. 이 말은 경상도 사투리에서 듣던 말입니다. 타밀어와 경상도 사투리를 조합하면 죄는 '더러운 것'이라는 뜻이 됩니다. 누군가 다가와서 '당신은 죄인입니다'라는 말에 동의하는 사람은 거의 없겠죠. 특히 착하고 선한 일을 많이 하면서 살아온 사람이라면 더더욱 억울해할 것입니다. 죄란 국어 사전적 의미로, "도덕이나 종교 · 법률 등에 어긋나는 행위"라고 기술하고 있습니다.

그러면 성경은 죄를 뭐라고 말할까요? 성경에서 죄는

단순한 도덕적 실수가 아닌, 하나님과의 관계에서 발생하는 영적 단절을 의미합니다.

구약 성경에서는 죄라는 의미를 내포하고 있는 히브리어가 많이 있습니다. '아온(עָוֹן)'은 불법과 부정을, '하타(חָטָא)'는 죄 많은 상태를, '카파르(כָּפַר)'는 덮거나 가리는 것을, '샤가그(שָׁגַג)'는 잘못을 범하는 것을, '페사(פֶּשַׁע)'는 반역을, '라(רע)'는 악한 것을 의미합니다. 신약 성경에서는 '하마르티아(άμαρτία)'라는 헬라어를 사용하는데, 이는 '목표에서 벗어남'을 의미합니다. 로마서 3장 23절은 "모든 사람이 죄를 범하였으매 하나님의 영광에 이르지 못하더니"라고 말합니다. 이는 죄가 단순한 행위의 문제가 아닌, 인간 존재 전체에 영향을 미치는 전인적 타락임을 보여 줍니다. 아담의 불순종으로 인해 죄가 세상에 들어왔고(롬 5:12), 이는 모든 인류에게 영향을 미치게 되었습니다.

신구약 성경에서 죄의 문제를 한자 '허물 죄', 혹은 '죄 죄(罪)' 자를 분석해 보면 이렇습니다. 본래 죄(罪)의 '그물망 망(罒)' 자는 황제의 법(法)이나 명령(命令)을 가리키는 말입니다. 즉, 황제 명령이나 법에서 '아니다(非)' 혹은 '그르다'

라고 하는 모든 것이 죄라는 것입니다. 이것을 기독교식으로 적용해 보자면, 죄란 하나님의 말씀과 명령을 어긴 것이라고 볼 수 있을 것입니다. 때로는 죄(罪)의 '그물망 망(罒)'자 대신 '넉 사(四)'를 넣기도 하는데, 그럴 때는 이 네 가지를 아니라고 하면 죄인 것입니다.

❶ 성부(聖父) 하나님을 창조주로 믿지 않는 죄(시 14:1; 53:1).
▶ 하나님을 창조주로 믿고 있습니까? 아니라면 당신은 죄인입니다.

❷ 성자(聖子) 예수님을 구주로 믿지 않는 죄(요 3:19–21).
▶ 예수님을 구주로 믿고 있습니까? 아니라면 당신은 죄인입니다.

❸ 성령(聖灵) 하나님을 주인으로 믿지 않는 죄(마 12:31~32).
▶ 당신의 주인은 누구입니까? 성령님이 아니라면 당신은 죄인입니다.

❹ 성경(聖经) 말씀을 삶의 기준으로 삼지 않고 가감(加減)한 죄(계 22:18–19).
▶ 성경이 아니라 자기 자신이 삶의 기준이라면 당신은 죄인입니다.

◆

아무리 착하게 살았다 하더라도, 이러한 근본적인 죄의 문제가 해결되지 않으면 누구나 '죄인'이라 할 수 있습니다. 이는 인간의 노력으로는 해결할 수 없는 영적인 문제이며, 오직 하나님의 은혜로만 해결될 수 있습니다.

되짚어 보기

1. '하마르티아(ἁμαρτία)'가 의미하는 바는 무엇입니까?

2. 죄가 세상에 들어오게 된 원인은 무엇입니까?

3. 성경에서 말하는 네 가지 근본적인 죄는 무엇입니까?

Q.26

죄의 결과는 무엇인가요?

: 사람은 왜 죽을 수밖에 없죠?

죽음을 바라보는 성경의 관점은 매우 독특합니다. 성경에서 죽음은 하나님 말씀에 순종하지 않는 죄의 직접적인 결과입니다. "죄의 삯은 사망이요"(롬 6:23)라는 말씀처럼, 한 사람 아담의 불순종으로 인해 죄가 세상에 들어왔고, 그 결과로 사망이 왔습니다(롬 5:12). 이는 하나님과 아담 사이의 계약에 근거합니다.

에덴동산에서 하나님은 선악과를 세 가지 목적으로 두셨습니다. 첫째, '경계선'으로서 하나님의 왕좌를 탐하지 말라는 의미입니다. 둘째, '선악의 판단 기준'이 하나님께 있음을 나타냅니다. 셋째, '에덴동산의 궁극적 소유권'이 하나님께 있다는 것을 보여 줍니다.

결국 아담과 하와는 선악을 알게 하는 나무의 열매를 먹었고, 그 결과 죽음이 오게 되었습니다. 성경에서 말하는 죽음이란 크게 세 가지입니다.

첫째, 육체적 죽음입니다. 이는 우리 몸과 영혼이 분리된 상태(창 5:5)를 말합니다. 하나님께서 선악과를 먹지 말고, 먹으면 반드시 죽는다고 하셨기에, 죽음은 하나님의 말씀을 거역하는 것과 연결되어 있음이 분명합니다. 단순하게 육체적 죽음만을 의미하지 않습니다(요일 3:14).

둘째, 영적 죽음입니다. 이는 몸은 살아 있으나 영혼이 하나님과 분리된 상태, 곧 예수님을 구주로 믿지 않는 상태를 의미합니다. 마태복음 8장 22절을 보면, "죽은 자들의 장례는 죽은 자들에게 맡겨 두고 너는 나를 따르라"(마 8:22)라고 하셨는데, 여기서 앞의 '죽은 자들'은 죽은 시신을 가리키지만, 뒤의 '죽은 자들'은 살아 있는 사람을 가리키는 것입니다. 또 바울이 에베소 교회에 보낸 편지에서 "그(예수 그리스도)는 허물과 죄로 죽었던 너희를 살리셨도다"(엡

2:1)라고 했을 때도 몸이 살아 있는 에베소 교회 성도들에게 하신 말씀입니다. 이처럼 성경은 살아 있는 사람을 가리켜 '죽은 자'라고 말하는 경우가 많습니다.

셋째, 영원한 죽음입니다. 영원한 저주의 상태요, '둘째 사망'이라고도 하는 영원한 죽음은 부활한 몸을 입고서 하나님과 영원히 분리되어 영원토록 사는 것을 의미합니다. 요한계시록 20장 14-15절은 "사망과 음부도 불못에 던져지니 이것은 둘째 사망 곧 불못이라 누구든지 생명책에 기록되지 못한 자는 불못에 던져지더라"라고 말합니다. 마가복음 9장 48절에서도 "거기에서는 구더기도 죽지 않고 불도 꺼지지 아니하느니라"라고 했듯이, 죽지 않고 영원토록 하나님과 분리된 상태가 영원한 죽음입니다.

◆

죽음은 관계론적 개념으로, 단순한 존재의 소멸이 아닌 하나님과의 관계 단절을 의미합니다. 그러므로 육신의 생명이 있는 동안, 우리는 영적 죽음에서 벗어나 예수 그리스도를 통한 생명의 길을 선택해야 합니다.

되짚어 보기

1. 죽음이 이 세상에 들어오게 된 원인은 무엇입니까?

2. 성경에서 말하는 세 가지 차원의 죽음은 무엇입니까?

3. 에덴동산에 선악을 알게 하는 나무를 두신 세 가지 목적은 무엇입니까?

복음이 뭐예요?

: 뭘 볶는 건가요? 뭐가 좋은 소식이죠?

'회개하고 복음을 믿으라고?' 무얼 회개하고 무얼 믿어야 하는지 도통 설명도 안 해 주고 믿으라고 하니 답답하시죠? 복음은 '좋은 소식(good news)'이라는 의미로 헬라어 '유앙겔리온'(ευαγγελιον, 사자가 전해 주는 기쁜 소식)에서 유래했습니다. 황제와 관련된 일을 전하는 데 사용했던 단어인데, 1세기 기독교인들은 그걸 예수님에게 사용했으니 얼마나 위험한 단어인지 상상해 보십시오. 복음을 영어로 'Gospel'이라고 하는데, 이는 'God spell'의 줄임말입니다. '하나님께서 하신 복된 말씀'이라는 뜻입니다. 한자로는 '복(福)'과 '음(音)'을 써서 '복된 소리'를 의미합니다.

인간에게 있어 진정한 복음은 '죄와 그 형벌로부터의 구원'입니다. 물론 '위험, 압제, 탄압으로부터의 해방'이나 '전쟁에서의 승리'도 기쁜 소식이 될 수 있지만, 궁극적으로 가장 기쁜 소식은 죄로 인한 하나님의 진노에서 구원받을 수 있다는 것입니다.

성경에서의 복음은 '주 예수 그리스도를 통해 우리에게 전해진 구원의 소식'입니다. 인류는 죄로 말미암아 죽은 바 되었고, 바로 그곳에 예수 그리스도께서 오셔서 인류를 죄로부터 구원해 주시는 사건이 있었습니다. 신약 성경은 이 사실을 '복음'이라 하고, 구약 성경은 이 예수 그리스도를 모형적으로 비춰 주면서 그 내용들을 '복음'이라 부릅니다.

마가복음 1장 1절은 "하나님의 아들 예수 그리스도의 복음의 시작이라"라고 말합니다. 즉, 복음을 하나님의 아들, 예수 그리스도로 정의하고 있습니다. 예수라는 이름은 하나님의 아들이 취하신 이름이고, 그리스도는 하나님의 아들이 하신 일을 칭합니다.

사도신경은 '예수님은 어떤 분이신가?'와 '예수님은 무엇을 하셨는가?'라는 두 가지 질문을 통해 복음을 고백합니다. 따라서 복음의 핵심은 예수 그리스도의 인격(성품)과 그분의 구원 사역을 아는 것이라고 할 수 있습니다.

◆

복음은 창조-타락-구속-완성이라는 기독교 세계관의 틀 안에서 이해되어야 합니다. 예수 그리스도의 오심, 죽으심, 부활, 승천, 그리고 다시 오심(재림)과 구원의 완성으로 이어지는 이 이야기가 바로 하나님께서 인류에게 주신 가장 큰 선물입니다.

되짚어 보기

1. 복음(Gospel)의 어원과 의미는 무엇입니까?

2. 성경에서 말하는 복음의 핵심 내용은 무엇입니까?

3. 기독교 세계관 안에서 복음은 어떻게 이해되어야 합니까?

구원이 뭐예요?
: 도대체 왜 구원을 받아야 하나요?

기독교에서 말하는 구원의 개념을 이해하기 위해서는 먼저 인간이 왜 구원이 필요한 상태에 있는지를 이해해야 합니다. 성경은 모든 사람이 죄인이며(롬 3:23), 그 결과로 영적 죽음에 처해 있다고 말합니다(엡 2:1). 이러한 상태에서 인간은 자신의 노력으로는 구원을 얻을 수 없습니다.

구원의 의미는 크게 세 가지 측면에서 살펴볼 수 있습니다.

첫째, 과거의 구원입니다. 이는 죄의 형벌로부터의 구원을 의미합니다. "그는 우리를 흑암의 권세에서 건져내사

그의 사랑의 아들의 나라로 옮기셨으니 그 안에서 우리가 구속 곧 죄 사함을 얻었도다"(골 1:13-14). 이는 예수 그리스도의 십자가 죽음을 통해 이미 이루어진 것입니다.

둘째, 현재의 구원입니다. 이는 죄의 권세로부터의 구원입니다. "너희는 그 은혜에 의하여 믿음으로 말미암아 구원을 받았으니 이것은 너희에게서 난 것이 아니요 하나님의 선물이라"(엡 2:8). 이는 성령님의 도우심으로 날마다 거룩한 삶을 살아가는 과정을 의미합니다.

셋째, 미래의 구원입니다. 이는 죄의 존재로부터의 완전한 구원입니다. "이제는 너희가 믿음의 결국 곧 영혼의 구원을 받음이라"(벧전 1:9). 이는 예수님의 재림 때에 완성될 것입니다.

◆

구원은 전적으로 하나님의 은혜로 주어지는 선물입니다. 마태복음 1장 21절은 "아들을 낳으리니 이름을 예수라 하라 이는 그가 자기 백성을 그들의 죄에서 구원할 자이심이라"라고 말합니다. 이처럼 구원은 예수 그리스도를 통해서만 가능하며(요 14:6), 이를 믿음으로 받아들여야 합니다(행 16:31).

되짚어 보기

1. 성경에서 말하는 구원의 세 가지 시간적 측면은 무엇입니까?

2. 구원을 얻는 방법은 무엇입니까?

3. 구원의 궁극적인 완성은 언제 이루어집니까?

구원의 다른 표현이 있나요?
: 중생? 회심? 칭의? 여러 가지로 불리던데요.

구원을 다양한 각도에서 설명하다 보니 표현상 그렇게 되는 것이지 다른 뜻은 아닙니다. 그러니 구원을 강조하는 내용에 따라서 달리 표현할 수 있습니다. 그것을 '구원의 서정(序程)' 혹은 '구원의 단계'라고 말하고 있습니다.

첫째는 소명(召命), 즉 하나님의 부르심입니다. 여기에는 외적 소명과 내적 소명이 있습니다. 외적 소명이란 하나님께서 믿는 자를 구원하기로 작정하신 데서 출발합니다. 이 외적 소명은 말 그대로 겉으로 드러난 하나님의 부르심이며, 대부분 전도(말씀)를 통해서 이루어집니다. 하나님의 구원 사역을 인간이 대신 맡아서 하게 되는 것이죠. 반면,

내적 소명이란 성령님의 유효적 부르심으로서, 택함받은 자들의 마음속에 직접적으로 역사하시어 예수님을 믿도록 하는 성령님의 능력 있는 부르심을 말합니다. 엄밀한 의미에서 내적 소명이 구원의 다른 표현이라고 할 수 있습니다.

둘째는 중생(重生), 곧 거듭남을 말합니다. 이는 구원의 또 다른 이름으로서 "위로부터 태어남"이라는 뜻입니다. 영적으로 죽은 존재(엡 2:1)가 성령으로 인해 살림을 받는 것(요 3장)이죠. 그러나 어느 이단 단체의 말처럼, 중생의 역사는 우리가 때와 시간과 분·초를 알 수 있거나 우리의 감각으로 아는 것이 아닙니다. 신자의 거듭남은 입술의 열매와 삶의 열매, 즉 우리의 말과 행동으로 그 여부를 알게 되는 것입니다. 믿기 전의 삶과는 전혀 다른 정체성, 방향성, 목적을 갖게 되기 때문입니다. 요한은 우리가 물, 곧 성령으로 거듭난다고 말하고 있습니다.

셋째는 회개(悔改)입니다. 이 회개에 관해서도 오해가 많은 것 같습니다. 회개는 둘로 나눌 수 있습니다. 하나는 객관적 회개입니다. 이는 단회적 사건으로 예수님을 구주로 믿지 않는 데서 돌이켜 믿게 되는 것을 말합니다. 그런 의미에서 회개를 '회심(悔心)'이라고 말하기도 합니다. 다른 하나는 주관적 회개입니다. 이는 반복적 회개로 반성 혹은 뉘우침이라고 할 수 있습니다. 이 회개 시, 우리는 지식적으로는 죄를 깨우치고 감정적으로는 그 죄를 애통해하고 미워하며 의지적으로 죄를 끊어 내는 작업을 반복하게 됩니다. 구원을 얻은 자는 반드시 객관적 회개와 주관적 회개의 삶을 살아가게 됩니다.

넷째는 믿음(信仰)입니다. 믿음이란, 헬라어로 '피스티스(πίστις)'입니다. 주로 '신실한', '믿음직한', '믿을 만한', '충성스러운', '확실한'이라는 뜻을 지녔습니다. 두 번째 단어는 '휘포스타시스(ὑπόστασις)'로 '실상과 증거'라는 의미가 있습니다(히 11:1-2). 끝으로 '아나스타시스(ἀνάστασις)'란 '부활의 능력을 입어서 일어나는 힘'을 뜻합니다. 그러므로 성경이 가르치는 믿음은 세 가지로 생각해 볼 수 있습니다. 첫째는 신뢰함(πίστις, belief, 의지함)의 믿음입니다. 신뢰함으로 얻어지는 믿음을 종교적 믿음 혹은 선물로 받은 수동적 믿음이라 말합니다. 둘째는 확신함(ὑπόστασις, conviction, 확고부동함)의 믿음으로, 말씀에서 오는 믿음입니다. 그래서 우리는 하나님의 말씀을 더 사모하고 듣고 배우고 공부해야 합니다.

셋째는 신실함(ἀνάστασις, faithfulness, 충성됨)의 믿음입니다. 신실함의 믿음은 핍박과 고난의 현장에서 빛을 발하는 믿음이며, 죽음도 불사하는 믿음으로 부활을 바라보는 믿음이라고 할 수 있습니다. 확신과 신실함의 믿음은 확실한 증거를 가진 믿음, 또는 개인과 공동체의 결단적 믿음(Belief)으로 하나님을 향한 의지적 결단이라고 할 수 있습니다. 이것을 저는 능동적 믿음이라고 부릅니다. 한자로 '믿을 신(信)'은 '사람 인(人)'과 '말씀 언(言)'이라는 두 단어의 합성어입니다. 여기에서 말씀은 사람의 말이 아니라 하나님의 말씀입니다. 즉, 사람이 하나님의 말씀(진리)과 함께하는 것(롬 10:17)을 믿음이라고 정의합니다.

다섯째는 칭의(稱義)입니다. 칭의는 법정 용어로서, 정죄의 반대말입니다. 본래 죄가 있지만 죄가 없는 것으로 인정해 주겠다는 법정적 선언인 것입니다. 따라서 칭의는 앞서 언급된 믿음의 결과라고 할 수 있으며, 이는 율법의 행위가 아니라 하나님의 은혜로 얻어지는 것(롬 3:24)입니다. 신약 성경이 기록될 당시 교회 안에는 유대인, 기독교로 개종한 이방인, 개종하지는 않았지만 믿는 이방인(하나님을 경외하는 자), 그리고 이방인이 있었습니다. 그들 가운데 어떤 이들은 율법으로 의롭게 된다고 가르치고, 어떤 이들은 율법(할례)과 믿음으로 의롭게 된다고 가르쳤으나, 바울은 믿음으로 의롭게 된다고 가르쳤습니다. 율법으로는 죄를 깨닫게 되는 것이고, 그리스도의 의가 우리에게 옷 입혀지게 되는 것이기 때문입니다. 범죄한 인간은 칭의로 말미암아 죄책으로부터 벗어나게 되고, 성화의 과정을 통해 점차적으로 거룩하게 되어 갑니다.

여섯째는 양자(養子) 됨입니다. 양자 됨이란, 자녀로 입양되었다는 것을 의미합니다. 이는 칭의의 결과입니다. 즉, 칭의로 말미암아 우리는 하나님의 자녀가 되었습니다. 칭의의 소극적 결과가 죄 사함이라고 한다면, 적극적 결과는 양자 됨입니다. 그러나 우리가 자녀답게 살아가는 데는 시간이 필요합니다.

일곱째는 성화(聖化)입니다. 거룩하게 되어 감이라는 뜻을 갖고 있는 성화는 일생 동안 이루어 가야 할 숙제 같은 것이기도 합니다. 즉, 믿는 순간 칭의로 입양되어 우리의 존재 자체는 거룩하게 됩니다. 그럼에도 불구하고 일생 동안 죄와 오염으로부터 벗어나 그리스도를 닮아 가려는 삶의 태도와 방향성을 가져야 합니다. 이러한 은혜의 역사가 성화입니다.

여덟째는 성도의 견인(堅忍)입니다. 차를 견인(牽引)하는 것은 강제적으로 이끌고 간다는 뜻이지만, 성도의 견인(堅忍)은 우리의 어떠함에도 불구하고 참신자는 믿음을 잃거나 구원에서 떨어지지 않고 인내한다는 뜻입니다. 하나님께서 최종적으로 구원의 완성에 이르게 하실 거라는 확신 때문입니다. 요한복음 10장 27-29절, 로마서 8장 38-39절, 베드로후서 1장 10-11절을 참고해 보십시오.

아홉째는 영화(榮華)입니다. 우리는 누구나 이 땅에 살다가 한 번은 반드시 죽음을 맞이하게 됩니다. 영혼의 영화는 우리가 개인적 종말, 곧 우리 육체의 죽음을 맞이하는 순간에 얻게 될 것이고, 육체의 영화는 우주적 종말 곧 주의 재림 후 부활한 모든 사람이 얻게 될 것입니다.

◆

학자마다 그리고 교단마다 조금씩 차이가 있겠으나, 여섯 번째까지는 단회적 사건의 다른 표현으로 볼 수 있습니다. 곧 동시다발적 사건입니다. 이렇게 구원의 어떤 면을 강조하느냐에 따라 소명-중생-회개-믿음-칭의-양자-성화-성도의 견인-영화, 총 아홉 가지 단계로 설명할 수 있습니다.

되짚어 보기

1. 구원의 서정에서 말하는 소명의 두 가지 종류는 무엇입니까?

2. 칭의와 성화의 차이점은 무엇입니까?

3. 구원의 서정에서 나타나는 아홉 가지 단계를 순서대로 나열해 보세요.

재림이 뭐예요?
: 예수님이 다시 오신다고요?

    재림(再臨)이란 단어의 한자 의미 그대로 '다시 오심'을 뜻합니다. 초림으로 이 땅에 오신 예수 그리스도는 십자가에 달려 죽임을 당하시고 부활 승천하셨다가 세상 끝 날에 다시 오실 것입니다. 기독교인들은 그리스도 예수님의 재림을 기대하고 기다리며 살아갑니다. 그런데 막상 재림에 관해 설명해 달라고 하면, 마치 판타지 소설이나 영화를 통해 알고 있는 것처럼 막연하게 알고 있거나 쉽게 말하지 못하는 경우가 대부분입니다. 또는 시간을 정해 놓고 몇 년 몇 월 몇 일에 오신다고 주장하는 시한부 종말론자들도 볼 수 있습니다.

그렇다면 성경은 재림에 관해 어떻게 말하고 있을까요? 성경을 보면 "그때에 인자의 표적이 하늘에 보일 것이며, 그때에 땅의 모든 족속들이 통곡하며, 그들이 인자가 구름을 타고 능력과 큰 영광으로 오는 것을 보리라"(마 24:30)라고 합니다. 또한 "이르되 갈릴리 사람들아 어찌하여 서서 하늘을 쳐다보느냐 너희 가운데서 하늘로 올려지신 예수는 하늘로 가심을 본 그대로 오시리라 하였느니라"(행 1:11)라고 합니다. 그리고 "주께서 호령과 천사장의 소리와 하나님의 나팔로 친히 하늘로부터 강림하시리니 … 그리하여 우리가 항상 주와 함께 있으리라"(살전 4:16-17)라고 합니다. 재림의 긴박성에 대해서는 "잠시 잠깐 후면 오실 이가 오시리니 지체하지 아니하시리라"(히 10:37)라고 말하며, 같은 내용을 "보라 내가 속히 오리니 이 책의 예언의 말씀을 지키는 자가 복이 있으리라 하더라"(계 22:7)라고 합니다.

이상의 말씀들을 정리하면, 재림은 종말론적 사건입니다. 그날은 속히 올 것입니다. 여기에서 "속히"라는 것에 숨은 뜻이 있는데, 그것은 시간적 개념이 아니라 '알지 못하는 때에'라는 의미입니다. 예수님은 우리가 예측할 수 없는 시간에 오실 것입니다. 이는 세상의 끝과 마지막 심판,

그리고 새로운 하늘과 새로운 땅의 도래를 의미합니다.

재림은 다음과 같은 중요한 의미를 갖습니다. 첫째, 재림 시에는 최후의 심판이 있습니다. 재림 때는 모든 인간의 행위에 대한 공의로운 심판이 이루어집니다. 믿는 자들에게는 상급의 심판, 불신자들에게는 형벌의 심판이 있습니다. 둘째, 재림 시에는 새 하늘과 새 땅이 만들어집니다. 요한계시록 21-22장에 묘사된 것처럼, 하나님께서 새로운 창조를 이루시고 신자들이 영원히 하나님과 함께 살 게 될 것입니다.

◆

재림은 예수 그리스도께서 다시 오실 것을 의미하며, 이는 성경적 예언과 신학적 의미를 가지고 있습니다. 재림의 때와 시기는 아무도 모릅니다. 그러니 시한부 종말론자들의 말을 조심하십시오. 재림은 최후의 심판과 새로운 창조의 도래를 포함하며, 모든 그리스도인이 깨어 준비하여 그날을 기다리며 인내하는 삶을 살아가도록 하는 기독교 신앙의 핵심 교리요, 주님의 약속입니다.

되짚어 보기

1. 재림의 성경적 근거 구절 3가지는 무엇인가요?

2. 재림의 때에 대한 성경의 가르침은 무엇인가요?

3. 재림이 가져올 두 가지 주요 결과는 무엇인가요?

천년 왕국이 뭐예요?
: 실제하는 곳일까? 상징일까?

천년 왕국은 예수 그리스도의 재림과 관련하여 요한계시록 20장에 언급된 천년 통치 기간을 의미합니다. 이에 대한 해석은 신학자들 사이에서 다양하게 전개되어 왔으며, 크게 네 가지 주요 견해로 정리됩니다. 이는 모두 그리스도의 재림과 관련되어 있습니다. '재림 앞이냐, 뒤냐?' 아니면 '초림부터 재림까지냐?'에 따라 다른 견해들이 있다는 것입니다. 그런데 정작 강조되어야 할 '재림이 있고 최후 심판이 있다는 것'은 상대적으로 약화되는 것이 아닌가 싶어 아쉽습니다. 전천년설, 후천년설, 무천년설이 있는데, 각각의 이론을 요약하여 설명해 보겠습니다.

첫째로, 전천년설 중 하나인 '역사적 전천년설'의 입장입니다. 예수님의 재림이 천년 왕국 이전에 발생한다고 보는 입장입니다. 이 견해는 대환난 후에 휴거가 일어나고, 이어서 예수님이 재림하시어 천 년간 지상에서 통치하신 후 최후 심판이 있을 것이라고 설명합니다.

둘째로, '세대주의적 전천년설'입니다. 예수님의 재림이 천년 왕국 전에 일어난다고 보지만, 구체적인 시기와 과정에서 차이를 보입니다. 이들은 재림을 공중 재림과 지상 재림으로 구분하며, 공중 재림 시 성도들의 휴거가 있고 7년간의 대환난 후 지상 재림이 일어나 천년 통치가 시작된다고 주장합니다.

셋째로, '후천년설'입니다. 복음 전파를 통해 점진적으로 기독교가 세계에 확산되어 천년 왕국이 이루어진 후에 예수님이 재림하신다고 보는 견해입니다. 이는 사회 개혁과 복음화를 통한 지상 천국 건설을 강조하는 입장입니다.

마지막은 '무천년설'입니다. 1,000이라는 숫자를 상징적으로 해석하며, 이는 예수님의 초림부터 재림까지의 전체

기간을 의미한다고 봅니다. 이 견해에 따르면, 현재 우리는 이미 영적인 의미의 천년 왕국 시대를 살아가고 있으며, 재림 시에 최후 심판과 함께 새 하늘과 새 땅이 임함을 볼 것이라고 믿습니다.

◆

세대주의적 종말론을 조심한다면 천년 왕국 전이냐, 후냐, 혹은 무천년이냐는 그리 중요하지 않습니다. 중요한 것은 예수님께서 반드시 그리고 속히(우리가 알지 못하는 때에) 재림하신다는 것입니다. 그날이 최후 심판, 곧 우주적 심판의 날이 될 것이고, 믿는 자와 믿지 않는 자가 영원히 갈라지는 순간이 될 것입니다.

되짚어 보기

1. 천년 왕국에 대한 네 가지 주요 해석은 무엇이며, 각각의 핵심적 차이점은 무엇입니까?

2. 세대주의적 전천년설과 역사적 전천년설의 주요 차이점을 설명해 보세요.

3. 무천년설이 현대 기독교인들의 신앙생활에 주는 실천적 의미는 무엇입니까?

최후 심판이 뭐예요?
: 에이, 설마요. 무서워요.

기독교의 최후 심판은 기독교 종말론의 핵심 교리로서, 예수 그리스도의 재림과 함께 일어날 역사의 마지막 사건입니다. 이는 하나님의 공의가 완전히 실현되는 순간이며, 모든 인류의 최종적 운명이 결정되는 사건입니다.

성경적 근거를 살펴보면, 구약과 신약 전반에 걸쳐 최후 심판에 대한 예언과 가르침이 제시됩니다. 다니엘서 12장 2절은 "땅의 티끌 가운데서 자는 자 중에서 많은 사람이 깨어나 영생을 받는 자도 있고, 수치를 받아서 영원히 부끄러움을 당할 자도 있을 것이다"라고 예언합니다. 신약에서는 마태복음 25장 31-46절이 양과 염소의 비유를 통해 최후 심판의 모습을 구체적으로 묘사합니다.

심판의 기준과 내용을 보면, 요한계시록 20장 12절에는 "책들이 펴 있고 또 다른 책이 펴졌으니 곧 생명책이라 죽은 자들이 자기 행위를 따라 책들에 기록된 대로 심판을 받았다"라고 기록되어 있습니다. 이는 심판이 각 사람의 행위와 믿음에 근거하여 이루어짐을 보여 줍니다.

심판의 성격에 있어서는 공의로움과 최종성이 강조됩니다. 로마서 2장 5-6절은 하나님께서 "각 사람에게 그 행한 대로 보응하시되"라고 말하며, 히브리서 9장 27절은 "한 번 죽는 것은 사람에게 정해진 것이요 그 후에는 심판이 있으리니"라고 선언합니다. 죽음에 관해서는 앞의 내용 Q.27을 살펴보십시오. 성경에는 하나님께서 의를 행한 이에게 상을 주시고 불의를 행한 이에게 벌을 주신 사건이 여러 번 등장합니다. 예를 들면, 창세기 6-8장의 홍수 심판 사건이나 창세기 19장 1-26절의 소돔과 고모라의 멸망이 그 예라고 할 수 있습니다. 마지막 심판은 "진노의 날 곧 하나님의 의로우신 판단이 나타나는 그날"(롬 2:5)이 될 것입니다.

하나님은 최후 심판 때에 예수님을 "산 자와 죽은 자의 재판장"(행 10:42)으로 정하셨습니다. 그러므로 예수님의 "심판하시는 권세"는 하나님께 받은 것입니다(요 5:27). 구약에서도 "하나님은 모든 행위와 모든 은밀한 일을 선악 간에 심판하시리라"(전 12:14)라고 하셨습니다. 구원을 위해 예수님을 바라보지 않는 자들은 결국 자기들의 행위대로 심판을 받을 것입니다(계 20:12). 하나님의 심판은 공평하십니다. 형벌의 정도는 각 사람이 행한 일에 따라 달라질 것입니다.

예수님을 믿는 우리도 "다 하나님의 심판대 앞에"서서 "각인이 자기 일을 하나님께 직고"하게 될 것입니다(롬 14:10-12). 그러나 신자들에 대한 마지막 심판은 형벌의 심판이 아니라 상급의 심판입니다. 예수님은 이렇게 약속하셨습니다. "내 말을 듣고 또 나 보내신 이를 믿는 자는 영생을 얻었고 심판에 이르지 아니하나니 사망에서 생명으로 옮겼느니라"(요 5:24). 바울도 증거하기를 "그리스도 예수 안에 있는 자에게는 결코 정죄함이 없나니"(롬 8:1)라고 말합니다.

◆

최후 심판은 단순한 형벌의 선고가 아닙니다. 이는 하나님의 정의와 사랑이 완성되는 사건이며, 믿는 자들에게는 최종적 구원의 확증이 됩니다. 고린도후서 5장 10절은 "우리가 다 그리스도의 심판대 앞에 나타나게 된다"라고 말하며, 이는 모든 이에게 해당되는 보편적 심판임을 강조합니다.

되짚어 보기

1. 최후 심판의 성경적 근거로 제시되는 주요 구절들은 무엇이며, 각각이 강조하는 심판의 특성은 무엇입니까?

2. 최후 심판에서 심판의 기준이 되는 요소들은 무엇이며, 이는 현재 우리의 신앙생활에 어떤 의미를 가집니까?

3. 최후 심판의 보편성과 최종성이 가지는 신학적 의미는 무엇입니까?

하나님 나라가 뭐예요?
: 죽어야 갈 수 있는 곳인가요?

"죽으면 천국 간다." 제가 어렸을 때 자주 듣던 말입니다. 당시에는 흔히 천국, 하나님 나라를 죽은 후에 부활해서 가는 나라로서, 종말론의 제일 끝자락의 내용만 강조해서 배워 왔습니다. 그러나 성경에 나타난 하나님 나라는 단순히 죽은 후에 가는 천국만을 의미하지 않았습니다. 하나님 나라는 현재와 미래를 아우르는 하나님의 통치 영역을 의미합니다. 어려서 자주 듣고 불렀던 찬양곡 중에 "돈으로도 못 가요, 하나님 나라. … 거듭나면 가는 나라 하나님 나라, 믿음으로 가는 나라 하나님 나라"라는 찬양곡이 가르쳐주듯이, 거듭나면 지금 그곳에서부터 시작되는 것이 하나님 나라입니다.

구약 성경에서 히브리어로 기록된 하나님 나라는 '말쿠트(מלכות)'입니다. 주로 '통치', '지배', '왕권' 등과 같은 추상적이고 역동적인 의미로 사용되었다가, 후에 공간적 영역, 지역, 영토의 의미로도 쓰였습니다. 구약에서는 하나님의 주권이 이스라엘을 통해 나타났습니다. 시편 103편 19절은 "여호와께서 그의 보좌를 하늘에 세우시고 그의 왕권으로 만유를 다스리시도다"라고 선포합니다. 그러나 이스라엘의 불순종으로 심판이 임했고, 이후 이스라엘은 메시아를 기다리게 되었습니다. 다니엘 7장 13-14절은 "인자 같은 이가 왕권을 받아 모든 민족을 영원히 다스릴 것"이라고 예언했습니다.

구약은 끊임없이 하나님의 주권을 강조하고 있습니다. 물론 구약에서 하나님은 이스라엘이라는 신정 국가를 통해 당신의 열방을 드러내려 하셨지만, 하나님의 부르심을 반복적으로 거역하는 이스라엘을 하나님이 끊임없이 돌이키시려는 이야기로 가득 차 있습니다. 그럼에도 결국 하나님의 심판이 북이스라엘, 남유다에 이릅니다. 이러한 심판과 바벨론 포로 상황에서 이스라엘은 '그 선지자', 또는 '다윗의 자손', '여호와의 종'을 간절히 기다리게 됩니다. 이것을 성경에서는 '주의 날'이라고 말합니다. 이날에 하나님은 이스라엘의 남은 자를 부르시며 악인들과 악한 나라들을 심판하시고, 의인들과 그의 나라를 회복하실 것뿐만 아니라, 죄로 인해서 깨어졌던 만물이 회복될 것을 약속하셨습니다. 이렇게 메시아를 대망하며 마무리됩니다.

신약에서는 예수 그리스도를 통해 하나님 나라가 시작되었음을 선포합니다. 헬라어로 된 신약 성경은 하나님 나라를 '바실레이아(Βασιλεία)'라고 표현합니다. 마가복음 1장 15절에서 예수님은 "때가 찼고 하나님의 나라가 가까이 왔으니 회개하고 복음을 믿으라"라고 선포하셨습니다. 마태복음 12장 28절에서는 "내가 하나님의 성령을 힘입어 귀신을 쫓아내는 것이면 하나님의 나라가 이미 너희에게 임하였느니라"라고 말씀하셨습니다. 신약은 구약의 메시아 대망이 예수님에게서 이루어졌음을 선언하셨다고 기록하고 있습니다.

복음서는 단지 예수님에 대한 증언이 아니라, 하나님 나라를 이 땅에 도래시킨 메시아가 어떻게, 그리고 왜 죽으시고, 부활하셨는지에 대해 보여 주고 있는 증거입니다. 물론 예수님은 하나님 나라가 이미 임했다는 것을 보여 주셨을 뿐만 아니라, 하나님 나라가 아직 완전히 임하지 않았다고 반복적으로 가르쳐 주기도 하셨습니다. 사복음서는 이를 거의 '하나님 나라'로 표기했고 일부만 '천국'으로 표기했습니다. 마가, 누가, 요한복음에서는 '하나님 나라'라고 기록됐고, 마태복음에서는 네 곳(마 12:28; 19:24; 21:31, 43)을 제외하고 '천국'이라고 기록되었습니다.

하나님 나라의 현재성과 미래성은 주기도문에서도 발견됩니다. "나라가 임하시오며"(마 6:10)라는 기도는 하나님 나라가 현재 임하고 있으면서도 완전한 성취를 기다리고 있음을 보여 주는 기도입니다. 요한계시록 11장 15절은 "세상 나라가 우리 주와 그의 그리스도의 나라가 되어 그가 세세토록 왕 노릇 하시리로다"라며 최종적 완성을 예언합니다.

◆

'하나님 나라'는 하나님께서 통치하시는 나라(모든 영역), 하나님의 뜻이 이루어지는 곳(모든 영역)을 말합니다. 예수님을 믿고 구원을 얻은 자라면 누구나 지금 여기에서 복을 누리고 있음을 의미하며, 마지막 날 예수님의 재림 후에 들어가게 되는 하나님의 완전한 통치 영역으로 볼 수 있습니다. 그리고 이러한 하나님 나라는 현재성(이미)과 미래성(아직)을 동시에 내포하고 있습니다.

되짚어 보기

1. 구약과 신약에서 하나님 나라를 설명하는 두 단어는 무엇입니까?

2. 신약에서는 구약의 메시아 대망이 누구에게서 이루어졌다고 말합니까?

3. 기도문과 요한계시록은 하나님 나라의 현재성과 미래성을 어떻게 설명합니까?

에필로그

신앙의 여정은 끊임없는 배움의 연속입니다. 이 책에서 다룬 33가지 주제들은 기독교 신앙의 기초가 되는 내용들이지만, 이것이 전부는 아닙니다. 오히려 이것은 더 깊은 신앙으로 나아가기 위한 첫걸음이라고 할 수 있습니다.

이 짧은 책에 신앙에 대한 정답을 줄 수도 없고, 모든 내용을 다 정리해서 담을 수도 없습니다. 제게 그런 능력도 없거니와 기독교 신앙의 내용이 그리 단순한 것이 아니기에 그렇습니다.

우리가 알아야 할 것은 단순히 용어의 의미를 아는 것에서 그치는 것이 아니라, 그 의미를 삶으로 살아 내는 것입니다. 이 책을 통해 배운 내용들이 여러분의 삶 속에서 살아 있는 믿음으로 나타나기를 소망합니다.

더 깊은 내용을 알기 원하는 분들은 부록에 수록된 도우미 자료를 참고하든지, 아니면 소속된 교회의 목회자들과 대화를 나누거나, 성경 공부와 제자 훈련에 참여해 보기를 권면합니다. 교회의 모든 직분은 여러분(성도)을 위해 존재합니다. 이 작은 책이 여러분의 신앙 여정에 작은 디딤돌이 되기를 기도합니다.

부록 _주제별 참고 자료

Q.1. 기독교란 무슨 뜻일까요?

김경재. 『기독교 신학의 이해』. 대한기독교서회, 2016.

김세윤. 『그리스도란 누구인가』. 두란노, 2018. 맥그라스, 앨리스터. 『기독교, 그 위험한 사상의 역사』. 김세광 옮김. IVP, 2017.

박용규. 『한국 기독교회사』. 생명의말씀사, 2020.

이상규. 『한국 기독교 명칭과 역사적 전개』. 한국교회사학회지, 2014.

Q.2. 왜 '하나님'이라고 할까요?

김수천. 『한국어 신명(神名) 연구: '하나님'과 '하느님'의 어원적 고찰』. 국어학회지, 2016.

옥성득. 『조선어 성서 번역사』. 대한기독교서회, 2018.

윤종준. 『애국가의 역사와 신학적 해석』. 기독교사상, 2019.

이덕주. 『한국 그리스도교 용어의 기원과 변천에 관한 연구』. 한국기독교역사연구소, 2015.

이만열. 『한국 기독교와 민족의식』. 지식산업사, 2017.

Q.3. 교회란 무엇인가요?

권성수. 『교회론: 그리스도의 몸으로서의 교회』. 총신대학교출판부, 2016.

김운용. 『성경적 교회론 연구: 에클레시아의 의미와 적용』. 한국기독교신학논총, 2018.

박영호. 『한국 교회 예배당 건축과 용어 사용에 관한 역사적 고찰』. 한국 교회사학회지, 2019.

이상규. 『초대 교회사로 본 교회의 본질과 사명』. 생명의말씀사, 2015.

장윤재. 『한국교회 건축과 예배 공간의 신학』. 대한기독교서회, 2017.

Q.4. 교회는 무엇을 하는 곳인가요?

김남준. 『교회와 하나님의 영광』. 솔로몬, 2016.

박영선. 『교회의 신학적 이해』. 한국신학연구소, 2018.

옥한흠. 『평신도를 깨운다』. 국제제자훈련원, 2019.

이상근. 『교회의 본질과 사명: 하나님 나라를 향한 네 가지 기둥』. 생명의말씀사, 2017.

정이철. 『선교적 교회와 지역사회 참여: 하나님 나라 확장을 위한 교회의 역할』. 한국복음주의신학회지, 2020.

Q.5. 교회에 꼭 가야 하나요?

김형태. 『가나안 성도 신앙 회복을 위한 목회적 접근』. 기독교문서선교회, 2019.

박영호. 『교회 공동체의 성경적 이해와 실천』. 대한기독교서회, 2018.

손봉호. 『그리스도인의 공동체와 개인의 신앙』. 복있는사람, 2016.

이상규. 『개인주의 시대의 교회론: 공동체성 회복을 위한 신학적 고찰』. 한국개혁신학회, 2020.

정재영. 『한국 교회, 그들은 왜 떠나는가: 가나안 성도 현상의 분석과 대안』. 새물결플러스, 2017.

Q.6. 성경인가요? 성서인가요?

권성수. 『성경의 영감과 무오성에 관한 연구』. 총신대학교출판부, 2020.

민영진. 『성경의 정경화 과정과 권위』. 성경원문연구, 2019.

박용규. 『한국 기독교 문서운동사』. 생명의말씀사, 2017.

서중석. 『한국어 성서 번역의 역사와 용어 연구』. 대한기독교서회, 2018.

이덕주. 『한국 성서 번역과 수용의 역사』. 한국기독교역사연구소, 2016.

Q.7. 할렐루야, 아멘?

권성수. 『예배학 개론: 용어에서 실천까지』. 대한기독교서회, 2020.

김경수. 『성경 속 히브리어 용어 연구: 예배 용어를 중심으로』. 기독교문서선교회, 2017.

민영진. 『히브리어에서 우리말로: 성서 번역의 언어학적 고찰』. 두란노, 2018.

이승호. 『기독교 예배 용어의 성경적 배경과 현대적 적용』. 한국기독교학회지, 2019.

장석정. 『히브리 예배 언어의 한국 교회 수용과 변용』. 한국신학논단, 2016.

Q.8. 임마누엘이 뭐예요?

김세윤. 『성육신의 신학: 임마누엘 원리와 기독론』. 두란노, 2017.

박영호. 『이사야서의 임마누엘 예언 연구』. 기독교문서선교회, 2018.

송제근. 『하나님의 임재 신학: 구약에서 요한계시록까지』. 대한기독교서회, 2016.

이상규. 『구약에서 신약으로: 메시아 예언의 성취』. 생명의말씀사, 2019.

정중호. 『히브리어 성경 이름의 의미와 신학: 임마누엘을 중심으로』. 한국구약학회지, 2020.

Q.9. 신앙고백이 뭐예요?

김명용. 『한국교회의 사도신경 이해와 교육 방안』. 한국실천신학회논문집, 2020.

김형석. 『사도신경 해설: 고대 신앙고백의 현대적 이해』. 대한기독교서회, 2019.

박종천. 『신앙고백의 역사와 신학』. 총신대학교출판부, 2017.

이상규. 『삼위일체 하나님: 사도신경에 나타난 삼위일체 교리 연구』. 생명의말씀사, 2018.

정장복. 『예배와 신앙고백: 사도신경의 예배학적 의미』. 한국예배학회, 2016.

Q.10. 주기도문이 뭐예요?

김명용. 『기도의 신학: 주기도문을 중심으로』. 한국조직신학논총, 2016.

김세윤. 『주기도문 강해: 예수님이 가르쳐주신 기도의 본질』. 두란노, 2017.

박영호. 『예수님의 기도 가르침: 주기도문의 신학적 의미와 실천』. 대한기독교서회, 2018

이광순. 『주기도문의 해석학적 고찰: 마태복음과 누가복음의 비교』. 한국 신약학회논총, 2020.

이상훈. 『주님의 기도: 신앙과 삶의 모델』. 생명의말씀사, 2019.

Q.11. 십계명이 뭐예요?

권성수.『십계명의 현대적 적용』. 총신대학교출판부, 2018.

김세윤.『바울 신학과 율법』. 두란노, 2019.

박영호.『예수님과 율법: 복음서에 나타난 율법 해석』. 한국구약학회지, 2020.

이상규.『구약의 율법 체계: 도덕법, 의식법, 재판법의 구분과 의미』. 생명의말씀사, 2017.

정중호.『모세오경의 율법 연구: 출애굽기와 신명기를 중심으로』. 대한기독교서회, 2016.

Q.12. 어떤 교파, 어느 교단으로 가야 하죠?

김영재.『한국 교회사와 교파 연구』. 대한기독교서회, 2019.

박용규.『종교개혁의 다섯 가지 솔라(Sola)와 현대교회』. 총신대학교출판부, 2017.

손봉호.『건강한 교회의 조건: 현대 한국교회의 과제와 전망』. 복있는사람, 2016.

이상규.『세계 교회사』. 생명의말씀사, 2018

정일웅.『교회 정치 제도의 비교 연구: 장로제, 감독제, 회중제를 중심으로』. 한국교회사학회지, 2020.

Q.13. 예배란 무엇인가요?

김상구.『성경에 나타난 예배 용어 연구: 히브리어와 헬라어를 중심으로』. 기독교문서선교회, 2019.

김세광. 『예배와 문화: 한국적 상황에서의 예배 이해』. 총신대학교출판부, 2016.

박영호. 『성경적 예배의 이해와 적용: 초신자를 위한 예배 안내』. 한국예배학회지, 2020.

이상규. 『예배의 본질과 실천: 현대 교회를 위한 예배 신학』. 생명의말씀사, 2017.

정장복. 『예배학 개론: 역사적 전례적 관점에서 본 예배의 이해』. 대한기독교서회, 2018.

Q.14. 왜 예배해야 하나요?

김서택. 『예배자의 삶: 일상에서 드리는 영적 예배』. 두란노, 2017.

박영호. 『예배에서 하나님의 영광 개념 연구: 성경적, 역사적 관점에서』. 한국복음주의신학회논총, 2020.

이상규. 『그리스도인의 삶과 예배: 전인격적 예배의 회복을 위하여』. 생명의말씀사, 2016.

정장복. 『예배의 신학: 영과 진리로 드리는 참된 예배』. 대한기독교서회, 2018.

파이퍼, 존. 『하나님의 영광을 위한 예배』. 김동일 옮김. 복있는사람, 2019.

Q.15. 성례란 무엇인가요?

김명용.『성례전의 신학과 실천: 하나님의 은혜의 가시적 표현』. 한국조직신학회논총, 2016.

김세윤.『개혁교회의 성례론: 세례와 성찬의 신학적 이해』. 두란노, 2018.

박용규.『한국교회와 성례 이해: 역사적 발전과 현대적 적용』. 대한기독교서회, 2017.

이상규.『성례의 은혜: 세례와 성찬의 성경적 이해』. 생명의말씀사, 2019.

정장복.『개혁교회 예배학: 성례전을 중심으로』. 총신대학교출판부, 2020.

Q.16. 왜 일요일에 예배하나요?

김명용.『안식과 쉼의 신학: 현대 그리스도인의 주일 이해』. 총신대학교 출판부, 2016.

박영호.『안식의 신학: 구약의 안식일과 신약의 주일』. 대한기독교서회, 2017.

이상규.『안식일에서 주일로: 기독교 예배일의 역사적 변천』. 생명의말씀사, 2018.

정장복.『주일 예배의 역사와 신학』. 한국예배학회지, 2020.

Q.17. 왜 일어났다 앉았다 하나요?

김명용.『예배에서의 신체성과 공동체성: 일어섬의 의미를 중심으로』. 한국실천신학회, 2016.

김상구.『예배에서의 신체 언어: 성경적, 역사적 고찰』. 생명의 말씀사, 2018.

박영호.『한국교회 예배 자세의 역사적 변천과 의미』. 한국예배학회논총, 2020.

이상규.『기독교 예배의 몸짓 언어: 경건의 표현으로서의 예배 자세』. 복있는사람, 2017.

정장복.『예배학 총론: 역사와 신학, 그리고 실천』. 대한기독교서회, 2019.

Q.18. 기도란 무엇인가요?

김세윤.『주기도문 강해: 기도의 본질과 실천』. 대한기독교서회, 2018.

박영호.『한국교회 기도 문화 연구: 예배 속 기도의 형식과 내용』. 생명의 말씀사, 2017.

이상규.『새 신자를 위한 기도 교육 방안 연구』. 한국실천신학회지, 2020.

이영인.『기도의 이론과 실제: 초신자를 위한 기도 안내』. 두란노, 2019.

정장복.『예배와 기도: 공동체 예배에서의 기도 이해와 실천』.

총신대학교출판부, 2016.

Q.19. 하나님의 음성이 정말 들리나요?

김명용. 『현대 기독교 영성에서의 '하나님의 음성' 개념 비판적 고찰』. 한국조직신학회논총, 2016.

김세윤. 『하나님의 뜻 분별하기: 성경적 관점에서 본 하나님의 인도』. 두란노, 2019.

바운즈, E. M.. 『기도의 능력』. 규장, 2017.

박영호. 『성경적 기도와 하나님의 뜻: 주관적 경험과 객관적 계시의 균형』. 생명의말씀사, 2018.

이상규. 『하나님의 뜻과 인도: 현대 기독교인을 위한 분별의 지혜』. 대한기독교서회, 2020.

Q.20. 설교를 꼭 해야 하나요?

김세윤. 『바울 설교의 핵심: 초대교회 설교에서 배우는 현대 설교의 방향』. 복있는사람, 2016.

김운용. 『그리스도 중심의 설교: 본문에서 예수를 찾는 설교 방법론』. 두란노, 2018.

박영호. 『성경적 설교의 원리: 하나님의 말씀과 인간의 언어 사이』. 대한기독교서회, 2017.

이상규. 『설교의 신학과 실제: 청중을 설교자로 세우는 목회』. 생명의말씀사, 2019.

정창균.『설교자의 성장과 성도의 성숙: 상호 성장을 위한 설교학적 고찰』. 한국실천신학회지, 2020.

Q.21. 헌금을 왜 드리죠?

김명용.『교회 재정의 윤리적 운용과 책임: 투명성, 책무성, 공공성』. 기독교윤리실천운동, 2016.

김운용.『교회 재정의 성경적 원리와 실천』. 두란노, 2019.

박영호.『한국교회 재정 투명성 제고 방안 연구』. 한국기독교경제학회지, 2020.

이상규.『기독교 청지기론: 헌금과 교회 재정의 관리』. 생명의 말씀사, 2018.

정성기.『예수님의 헌금관: 자발적 봉헌의 신학』. 대한기독교서회, 2017.

Q.22. 축복기도는 누가 할 수 있나요?

김명용.『목회자의 강복권과 평신도의 축복: 신학적, 역사적 고찰』. 한국실천신학회지, 2016.

김세윤.『성경이 말하는 복: 물질적 번영을 넘어서』. 두란노, 2019.

박영호.『축복의 한자 해석과 기독교적 적용』. 한국신학논단, 2020.

이상규.『한국교회의 축도 문화와 신학적 의미』. 생명의말씀사, 2017.

정장복. 『축복과 축도의 신학: 한자적 의미와 성경적 해석』. 대한기독교서회, 2018.

Q.23. 기독교 세계관이란 무엇인가요?

김헌수. 『기독교 세계관과 문화 변혁』. 한국기독교학술원, 2016.

사이어, 제임스. 『기독교 세계관과 현대사상』. 김헌수 옮김. IVP, 2018.

알버트 월터스(Albert M. Wolters), 『창조, 타락, 구속: 기독교 세계관의 이해』. 양성만 옮김. 한국학술정보, 2017.

양성만. 『기독교 세계관의 형성과 발전: 역사적, 신학적 고찰』. 한국세계관학회논총, 2020.

최용준. 『기독교 세계관의 현대적 적용: 창조-타락-구속-완성의 관점에서』. 생명의말씀사, 2019.

Q.24. 하나님의 형상이란 무엇인가요?

김세윤. 『하나님의 형상과 그리스도인의 정체성』. 두란노, 2017

박영호. 『칼빈과 바르트의 하나님의 형상론 비교 연구』. 한국개혁신학회, 2019.

이상규. 『창조론과 하나님의 형상: 현대 과학 시대의 신학적 성찰』. 생명의말씀사, 2016.

정중호. 『하나님의 형상의 기능론적 이해와 생태적 책임』. 한국조직신학 논총, 2020.

후크마, 앤서니. 『하나님의 형상: 기독교 인간론』. 류호준 옮김. IVP, 2018.

Q.25. 죄란 무엇인가요?

김명용. 『현대 사회에서의 죄 개념의 변화와 기독교적 대응』. 한국실천신학회지, 2016.

김세윤. 『죄와 은혜의 신학: 바울 서신에 나타난 죄의 본질』. 두란노, 2018.

박영호. 『성경적 하마르티아론: 목표에서 벗어난 인간』. 생명의말씀사, 2019.

이상규. 『죄의 어원학적 연구: 히브리어, 헬라어, 한자 분석을 중심으로』. 대한기독교서회, 2017.

정중호. 『기독교 인간론에서의 죄 개념: 창조-타락-구원의 틀 안에서』. 한국조직신학회논총, 2020.

Q.26. 죄의 결과는 무엇인가요?

김명용. 『현대 사회와 기독교적 죽음 이해: 세 가지 죽음의 관점에서』. 한국조직신학회지, 2016.

김세윤. 『바울 신학에서의 죽음과 생명: 로마서를 중심으로』. 두란노, 2019.

박영호. 『사망의 권세와 그리스도의 승리: 죽음의 기원과 극

복』. 대한기독교서회, 2017.

이상규. 『죽음의 신학: 성경적 관점에서 본 죽음의 의미』. 생명의말씀사, 2018.

정중호. 『성경에 나타난 '둘째 사망'의 개념 연구: 요한계시록을 중심으로』. 한국신약학회논총, 2020.

Q.27. 복음이 뭐예요?

김명용. 『현대 문화 속의 복음 이해: 좋은 소식의 회복을 위하여』. 한국복음주의신학회지, 2016.

김세윤. 『복음이란 무엇인가』. 두란노, 2018.

박영호. 『마가복음에 나타난 복음의 의미: 하나님의 아들 예수 그리스도』. 대한기독교서회, 2017.

이상규. 『신약성경의 복음 개념: 유앙겔리온의 역사적 배경과 신학적 의미』. 생명의말씀사, 2019.

정중호. 『바울 서신에 나타난 복음 개념 연구』. 한국신약학회논총, 2020.

Q.28. 구원이 뭐예요?

김명용. 『현대 기독교인의 구원 이해: 전인적 구원을 향하여』. 한국복음주의신학회지, 2016.

김세윤. 『구원이란 무엇인가: 칭의와 성화의 관계』. 두란노, 2019.

박영호. 『바울 서신에 나타난 구원의 시간적 차원』. 대한기독
교서회, 2017.

이상규. 『기독교 구원론: 성경적, 역사적, 실천적 접근』. 생명의
말씀사, 2018.

정중호. 『구원의 완성: 종말론적 관점에서 본 기독교 구원론』.
한국조직신학회논총, 2020.

Q.29. 구원의 다른 표현이 있나요?

김세윤. 『구원의 서정: 성경신학적 접근』. 두란노, 2019.

박영호. 『구원의 단계별 이해와 적용: 성화를 중심으로』. 한국
조직신학회논총, 2020.

벌코프, 루이스. 『조직신학: 구원론』. 권수경 옮김. 크리스챤다
이제스트, 2017.

이상규. 『개혁주의 구원론: 구원의 서정을 중심으로』. 생명의
말씀사, 2018.

정중호. 『웨슬리안 관점에서 본 구원의 서정: 개혁주의와의 비
교』. 한국웨슬리학회논총, 2016.

Q.30. 재림이 뭐예요?

김세윤. 『예수의 재림과 하나님 나라의 완성』. 두란노, 2019.

박영호. 『현대 종말론 논쟁과 재림 신앙의 회복』. 한국조직신

학회논총, 2020.

이상규. 『기독교 종말론: 재림의 성경적 이해와 현대적 적용』. 생명의말씀사, 2017.

정중호. 『요한계시록에 나타난 재림과 새 창조: 21-22장을 중심으로』. 한국신약학회지, 2016.

후크마, 안토니. 『성경의 종말론』. 류호준 옮김. IVP, 2018.

Q.31. 천년 왕국이 뭐예요?

김세윤. 『요한계시록 20장의 천년왕국 해석: 역사와 신학』. 두란노, 2018.

박영호. 『한국교회의 천년왕국 이해와 그 영향: 신학적 평가』. 한국조직신학회논총, 2020.

에릭슨, 밀라드. 『천년왕국: 네 가지 관점』. 김귀탁 옮김. 기독교문서선교회, 2019.

이상규. 『종말론적 관점에서 본 천년왕국과 재림』. 생명의말씀사, 2017.

정중호. 『아우구스티누스와 무천년설의 발전』. 한국교회사학회지, 2016.

Q.32. 최후 심판이 뭐예요?

김세윤. 『바울 신학에서의 최후 심판: 칭의와 심판의 관계』.

두란노, 2019.

박영호. 『요한계시록의 최후 심판과 현대적 적용』. 한국신약학회논총, 2020.

이상규. 『하나님의 공의와 은혜: 성경에 나타난 최후 심판』. 생명의말씀사, 2017.

정중호. 『신약성경의 심판 개념: 믿는 자들에 대한 상급의 심판을 중심으로』. 한국조직신학회논총, 2016.

후크마, 엔서니. 『최후 심판과 영원한 운명』. 김원주 옮김. IVP, 2018.

Q.33. 하나님 나라가 뭐예요?

김세윤. 『예수와 하나님 나라』. 두란노, 2019.

래드, 조지. 『하나님 나라의 복음』. 김춘환 옮김. IVP, 2018.

박영호. 『한국 교회의 하나님 나라 이해: 사후적 천국 개념에서 현재적 하나님 통치로』. 한국조직신학회논총, 2020.

이상규. 『신약 성경의 하나님 나라 개념: 복음서와 바울 서신을 중심으로』. 생명의말씀사, 2017.

정중호. 『신구약 연속성 관점에서 본 하나님 나라: '말쿠트'와 '바실레이아' 개념 비교』. 한국성경학회지, 2016.